HB Bild atlas

Der Fotograf Martin Specht hat eine Vorliebe für Metropolen. Sei es Berlin, Prag oder auch Köln, wo er jetzt zu Hause ist.

Der Autor Thomas Veszelits erlebte als Prager das Schicksal seiner Stadt hautnah. 1968 ging er ins Exil, kehrte nach der ›Samtenen Revolution‹ zurück und wurde Chefredakteur von ›Die gute Abendzeitung‹. Heute arbeitet er als freier Autor in München.

Liebe Leserinnen, liebe Leser!

Die Geschichte Prags könnte gar nicht wunderbarer beginnen als mit der Legende von einer schönen Frau: mit Libuše, der Stammesfürstin der Tschechen. Auf sie geht die Gründung der ›Goldenen Stadt‹ zurück. Die Wirklichkeit hält, was der Mythos verspricht: ›Perle an der Moldau‹, ›Hunderttürmige‹, ›Mutter aller böhmischen Städte‹ sind nur einige der Prädikate. Prag bietet für jeden etwas: für Musikliebhaber Mozart, für Schlagerherzen Karel Gott, den mit der ›goldenen Stimme‹. Poesie-Seelen begeistern sich an Kafka, Technikfans finden im Nationalmuseum, was tschechische Ingenieure schon vor 100 Jahren konnten.

Das historische Zentrum, von der Unesco zum Welterbe erklärt, hat sich in den letzten Jahren erstaunlich herausgeputzt. Bürgerhäuser wie Ritterburgen, Kirchen und Paläste wie aus einem Bilderbuch. Und auf jeder Seite spielt Musik: Jazz, Oper oder Oratorium – wie es euch gefällt. Die Prager Kirchen sind für fabelhafte Orgeln berühmt, die gotischen Gewölbe für ausgezeichnete Akustik. Und in der Küche schwebt man derweil im siebten Knödelhimmel, voller Powidltascherl und Palatschinken, leicht wie Wolken. Und wenn es um Shopping geht – niemand muss mehr nach Paris fahren.

Zu lösen gibt es nur das Rätsel, warum sich die Prager auf Seemannsart grüßen. Vielleicht, weil sie im Geiste stets auf einem Phantasie-Schiff schippern. Auf einer unendlichen Zeitreise unterwegs – Ahoj!

Ihr HB-Bildatlas-Team

Dieser Blick zeigt Prag, die ›Hunderttürmige‹.

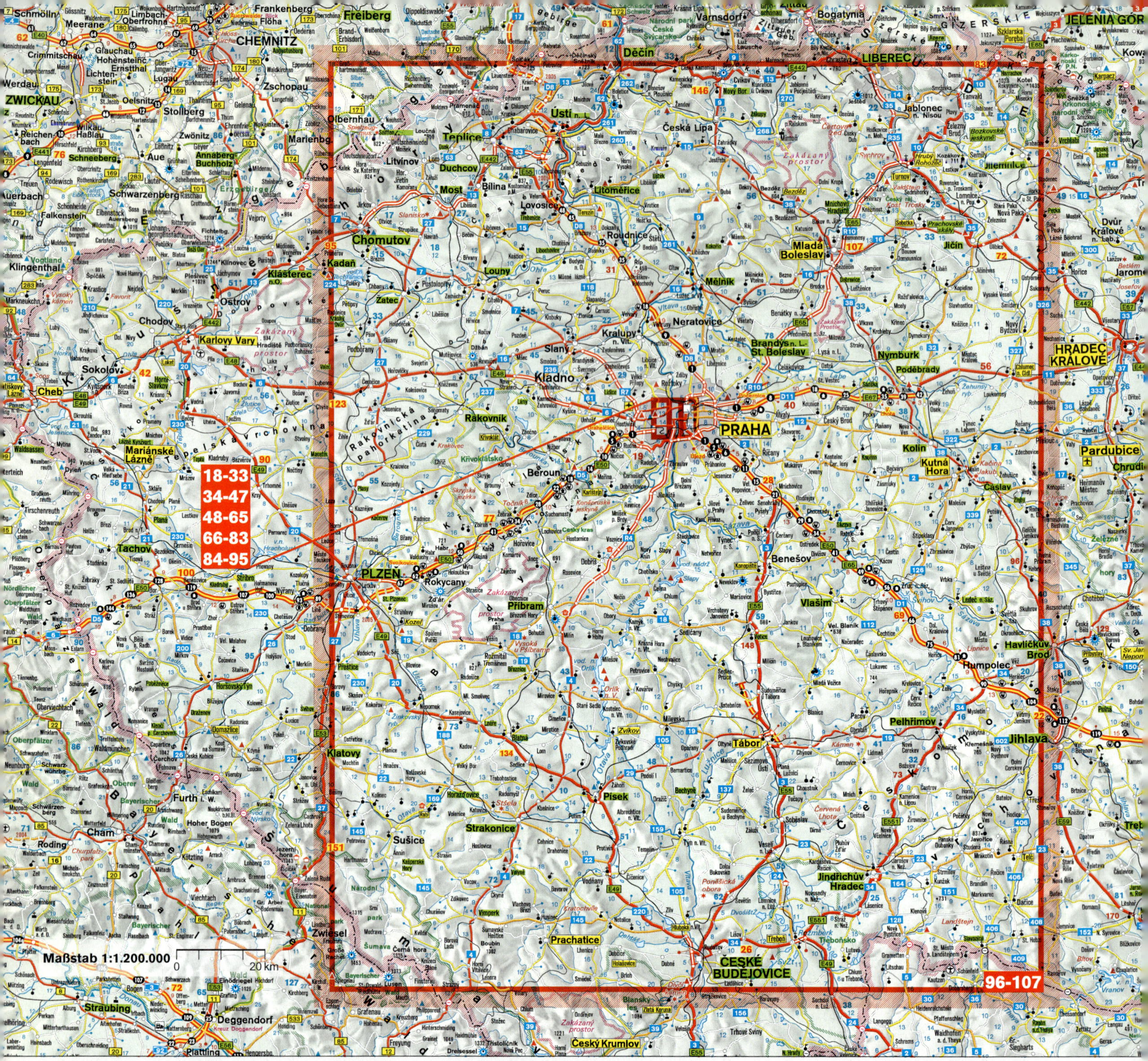

Prags junge Gastronomie schätzt kühles, edles Ambiente

Raum für große und kleine Paläste: Kleinseitner Ring

Inhalt

Besuchen Sie uns im Internet:
www.hb-bildatlas.de

TOP ZIEL

BESONDERS SEHENSWERT

›Staromák‹ – der Treff

Abkürzung reicht. ›Staromjestske namjesti‹ sagt kein Prager. Der Altstädter Ring ist der Markusplatz der ›Goldenen Stadt‹. Mit der größten Dichte von Touristen pro Quadratmeter und dem teuersten Pils oder Cappuccino. Aber dies stört die Schlachtenbummler kaum, die hier ihre Champions-League-Siege feiern.

Pilsner Urquell

Benediktiner-barock

Eine der schönsten Kirchen Prags gehört zum Kloster Strahov. Ein magischer Ort der Kunst, Wissenschaft und Kultur. Im Laufe der Geschichte oft geplündert, gebrandschatzt, enteignet, aber stets wie Phönix aus der Asche auferstanden. Für religiös fühlende Prager ein Beweis von Gottes Hand, die diesen Heiligen Berg schützt.

Karlsbrücke, die Ewige

Sie wird niemals einstürzen, prophezeiten die Astrologen. Von ihnen wurde der Zeitpunkt der Grundsteinlegung berechnet: 9. Juli 1357, 5.31 Uhr. Die kühne Steinbrücke überstand auch die jüngste Jahrhundertflut im Sommer 2002 unbeschadet. Sie verbindet die Altstadt mit der Kleinseite und führt damit in eine eigene Welt der Prager Geschichten.

Schiff Ahoj!

Nicht nur der Seemannsgruß ist bei den Pragern heimisch. Auch ein Bootsausflug als beliebtes Freizeitvergnügen. Für die Schulklassen beginnen damit die Ferien, die Rentner feiern so Goldene Hochzeit. Wer also hautnah mit den Pragern auf Tuchfühlung gehen möchte, muss an Bord der ›Moldau-Flotte‹ – hier im Hafen Podolí.

ŠUMAVA
VLTAVA
PPS 101 - 853
PPS-101 255

Pivo! Bier!

Der Stoff, aus dem Prager Philosophie, Politik, Humor und der Bauch wächst. Im Pro-Kopf-Verbrauch sind die Tschechen Weltmeister. Mit der Qualität der Biersorten auch. An der Kunst des richtigen Einschenkens wird jeder Wirt gemessen – dann spielt die Musik, Polka, Jazz oder Oper. Stichwort: Was ein Tschech', das ein Musikus.

OMESTSKY PIVOVAR

Der Park des Grafen

Ernst Sylva-Tarouca hieß er, liebte Pracht in Form schöner Architektur, Botanik und märchenhafter Landschaften. Sein Renaissanceschloss Průhonice – was etwa soviel wie ›Durchrennen‹ bedeutet – liegt östlich vor Prags Toren. Und es ist nur eines von etwa einem Dutzend Zielen, die fast zwingend zu einem Pragbesuch gehören.

LADISLAV NOVÁK

Zwischen Erbe und Gegenwart

Wo fängt Prag an? An der Karlsbrücke! Selbst wer noch nie dort war, kennt das Bild: die Parade der Steinheiligen auf gotischen Brückenbogen. Dahinter das unvergleichliche Panorama mit dem Hradschin, der grandiosen Burgsiedlung. Und davor Mittelalter zum Anfassen und deshalb als Welterbe auf der Unesco-Liste. Mit Stadtgrenzen, wie einst von Karl IV. angelegt. Und wo treffen sich die Prager? Am Wenzelsplatz – ›u Václava‹, bei der Reiterstatue des heiligen Wenzel. Dort schlägt das Herz der Nation.

Palais Goltz-Kinsky, das Haus ›Zur Steinernen Glocke‹ und dahinter die Teynkirche: Blick vom Altstädter Rathaus.

▼ Nepomuk zu Füßen: Hund streicheln bringt Glück ▲ Karlsbrücken-Perspektive ▼ Der hl. Johannes von Nepomuk

▲ Altstadtfassaden als Souvenir auf der Karlsbrücke ▼ Der Kleinseitner Brückenkopf

Praga caput regni – Prag ist das Haupt der Macht. Folgt man dem Königsweg, manifestiert sich die Geschichte der ›Goldenen Stadt‹ wie in einem Bilderbuch. Diese Triumphstraße, als solche nirgendwo verzeichnet, ist die Wiedergeburt der antiken Via sacra für die Prozession von der urhistorischen Burg Vyšehrad (Hohenfels) bis zum Jupitertempel am Hradschin. Dort, in der St.-Veits-Kathedrale, wurden die böhmischen Kaiser und Könige gekrönt. Vorher mussten sie alle über die Karlsbrücke gehen.

SPECIAL

Stein und Schein

49 Skulpturen landeten im Laufe von 250 Jahren an 30 Standorten auf der Karlsbrücke, als Erster 1683 Nepomuk. Zwischen 1706 und 1714 boomte die Barockisierung; für 21 Figuren wurde Platz vergeben und Weltruhm für drei Bildhauer gesichert: Johann Brokoff, seinen Sohn Ferdinand Maximilian und Matthias Bernhard Braun aus Tirol. Institutionen, Kirchen und Fürstenhäuser stifteten eifrig, zuletzt 1928 die slawischen Apostel Kyrill und Method, schon modernistisch ausgeführt und daher weniger geschätzt. Und einer muss außerhalb der Brücke im Wasser stehen: Ritter Roland (Bruncvík) mit seinem Wunderschwert, Schutzheiliger der Versicherungen. Als künstlerisch wertvollste Plastik gilt die hl. Luitgard. Sie darf die Wunden Christi durch ihre Liebkosungen lindern – fast erotisch, was allerdings nur angedeutet die bibelfesten Gläubigen schon empört. Besonders populär ist die Gestalt des Türken im Turban; mit Krummdolch bewacht er einen Sklavenkerker. Kafka fürchtete sich als Kind vor diesem düsteren Szenario sehr – und mochte deshalb die Karlsbrücke umso lieber.

Die beschrieb Alois Jirásek, Verfasser der böhmischen Gründungslegende, ›als würden sagenhafte Ritter bis zu den Knien in den Moldaufluten mit ihren Schutzschilden Ehrenspalier stehen‹ – fürwahr bildhaft genug. Bis zum 19. Jahrhundert war diese mit leichtem Knick verlaufende Steinbrücke die einzige Verbindung über den Fluss. Die Grundsteinlegung erfolgte 1357 durch den Landesvater Karl IV. persönlich – und das Schicksal nahm seinen

▲ *Findet begeisterte Zuschauer: ...* ▼ *... Astromische Uhr am Rathaus*

▼ *Im Altstädter Rathaus wird geheiratet – im Hintergrund die Teynkirche*

▲ *Zeit für einen Kaffee muss sein am Altstädter Ring*

▲ *Abseits vom Trubel: Teynkirche* ▼ *Hus auf dem Altstädter Ring*

Lauf. Stationen: 1393 ließ Karls Sohn Wenzel IV. den heiligen Nepomuk, zuvor gefoltert und gefesselt, über die Brüstung ins Wasser stürzen. 1648 scheiterte hier am erbitterten Widerstand der Prager Studenten der schwedische Plünderangriff. 1791 erhielt Prag ein von Mozart komponiertes Auftragswerk ›La clemenza di Tito‹; die Pathosoper zu Leopolds Krönung war das größte Spektakel, das jemals auf dem berühmten Krönungsweg stattfand. 1938 standen die Prager mit grimmigen Gesichtern Spalier, als Hitler mit seinen Truppen ungehindert über die Karlsbrücke einmarschierte. Damals glaubte man, dass die Brückenheiligen versagten. Waren sie doch deshalb aufgestellt worden, um für alle Ketzer, Rebellen, Ungläubigen und Abtrünnigen beim puren Anblick schon ein geistiges Spießrutenlaufen zu verursachen. Doch gegen diese Landesfeinde waren sie offenbar machtlos.

Was diese Propheten und Zeugen des Glaubens allerdings jederzeit zuverlässig bewirken können, ist die Bewunderung für die meisterhaft lebendige Bildhauerkunst der Barockzeit. Da bleibt (fast) jeder wie versteinert stehen.

Das Unesco-Prag

Das mittelalterliche Altstädter Rathaus ist das Symbol für die Altstadt. Der neugotische Anbau wurde bei den Kämpfen 1945 zerstört, einer der wenigen Kriegsschäden in Prag. Die aufgerissene Lücke gibt den Blick auf das Barock-Juwel der Niklaskirche frei und bleibt hoffentlich noch lange unbebaut. Denn in Prag heißt es nicht umsonst, dass hier die modernen Architekten mehr Schaden anrichteten als alle vergangenen Kriege zusammen.

Was man noch auf dem Altstädter Ring zu sehen bekommt? Das etwas groteske Denkmal des Nationalhelden Jan Hus. Sein weit ausgestreckter krummer Zeigefinger versteht sich als ein Memento. Doch erweckt er kaum Respekt: Barfuß und mit nacktem Oberkörper wird im Sommer auf dem breiten Stufensockel kampiert. Die findigen Statistiker haben ausgerechnet, dass der ›Staromák‹ eine noch größere Besucherdichte pro Quadratmeter aufweist als der Markusplatz in Venedig. Das liegt an der Unmenge Sehenswürdigkeiten,

▲ Kreuzherrenplatz mit Standbild Karls IV., Kreuzherren- und Salvatorkirche

▼ Alt-Prag in der Husova-Gasse

▼ Lauben umgeben den Kleinen Ring

▲ *Bierseidel als Souvenir* ▼ *Lucerna-Passage: In Prag ist manches auf den Kopf gestellt*

den vielen Straßencafés und Bierbrunnen, Ladenarkaden, Galerien und Glasgeschäften. Mitunter sieht man nur noch Köpfe und erhobene Fähnchen, Schirme oder Nummerntafeln der Fremdenführer, die so ihre Schäflein in der Menge beisammenhalten. Doch noch so viel Gedränge, noch so hoch aufgeschäumte Bierkronen oder Cappuccinos vermögen nicht von der imposanten Teynkirche abzulenken. Sie dominiert! Wie eine stolze Trutzburg beherrscht sie das Panorama. Die wilden Zacken auf den Türmen und Dächern, einem stacheligen Drachenrücken ähnlich,

SPECIAL

Grausames Mittelalter

Prag erhielt den genialsten Chronometer seiner Zeit, weltweit einmalig: Orloj – die Astrologische Uhr. Mit Kalender, Mondphasenkreis und Positionsanzeige der Sterne. Als ›Dank‹ ließen die Stadtväter 1490 mit einem glühenden Schwert das Augenlicht des Uhrmachers, Jan Hanuš, auslöschen. Damit er nie mehr solch ein Wunderwerk für einen anderen Auftraggeber konstruieren konnte. Die Rache: Der blinde Meister stoppte mit Griff und Fluch die Uhr für mehr als 100 Jahre. So lange dauerte es, bis sich einer fand, der die komplizierte Mechanik wieder in Gang brachte. Seitdem läuft das Werk einwandfrei. Zu jeder vollen Stunde mit einem Defilee der zwölf Apostel. Christus kommt am Ende, vor ihm der Verräter Judas. Am Sims rotieren die Allegorienfiguren: Der Geizhals mit dem Geldbeutel, die Eitelkeit mit einem Spiegel in der Hand. Der ungläubige Türke schüttelt den Kopf. Zum Schluss läutet der Sensenmann die Todesglocke. Danach kräht der Hahn.

deuten auf den rebellischen Geist ihrer Erbauer. Den historischen Platz ringsum säumen wunderbare Fassaden. Das Palais Goltz-Kinsky in Barock und Rokoko, nebenan die gotische Stadtfestung ›Zur Steinernen Glocke‹. Deren Sandsteinmauern erstrahlen beim Sonnenuntergang wie Gold.

Dieses harmonische, städtebaulich perfekte Gesamtbild überzeugte auf Anhieb auch die verwöhnten Kulturkommissare der Unesco, als sie 1992 zum Ortstermin erschienen. Einig wie selten waren sie sich

▲ Der Wenzelsplatz zwischen Konsum ...

▼ ... und Freizeitvergnügen

▲ Auf dem Wenzelsplatz trifft und zeigt man sich

▼ Der klassische Blick vom Wenzelsplatz geht vom Nationalmuseum am Wenzel vorbei

▲ *Jugendstilmeile Wenzelsplatz: ›Europa‹*

▼ *Železná: kleine, auch skurrile Geschäfte*

darüber, welches Prag man als Welterbe der Menschheit unter Schutz stellen musste: das Prag Karls IV. Für die Festlegung der Denkmalgrenzen diente der Stadtplan aus dem Jahr 1348, persönlich von dem visionären deutsch-römischen Kaiser, dem bedeutendsten Herrscher der damaligen Zeit in Europa, gezeichnet und bis heute in der urbanen Struktur fast unverändert erhalten.

Um halb sechs beim Wenzel

Ein Rendezvous unter dem heiligen Pferdeschwanz, das ist typisch pragerisch. Pavel Kohout (Hahn), der 1989 aus dem Wiener Exil heimgekehrte Schriftsteller, schwärmt: ›Seit ich mich erinnern kann, lag dort der wichtigste Treffpunkt meines Lebens.‹

Nicht nur seines. Wann immer Not oder Freude ruft, die Feier einer gewonnen Eishockey-WM oder ein Appell ansteht, zu versuchen, gemeinsam etwas zu verändern, eilt die ganze Nation geschlossen zu der Reiterstatue des Landesschutzpatrons Wenzel. Viele Stunden waren hier mehr als bewegend: Da stoppte man nach dem ›Prager Frühling‹ 1968‹ buchstäblich mit der nackten Brust die Sowjetpanzer, hier verbrannte sich aus Protest gegen den Einmarsch der Truppen des Warschauer Paktes Student Jan Palach und fiel schließlich bei der ›Samtenen Revolution‹ 1989‹ der Eiserne Vorhang. Wie bei einem Ritual rasselten Tausende von Pragern bei einer Großdemo mit einem Schlüsselbund. Symbolisch für: ›Macht die Gefängnistore auf‹. Nicht minder ergreifend sind die Momente des kleinen persönlichen Glücks, wenn sich frisch Verliebte ›um halb sechs beim Wenzel‹ treffen ...

Oberhalb dieser Statuengruppe steht einem Burgpalast ähnlich das Nationalmuseum. Was für Rom die Spanische Treppe ist, bilden hier die Stiegen des geschwungen geführten Aufgangs, jeweils im Halbkreis um eine erfrischende Wasserkaskade. Von der oberen Plattform aus sieht man den Wenzelsplatz in seiner ganzen, von Karl IV. weitsichtig angelegten Dimension. Damit bekam Prag im Jahr 1348, damals im Rang hinter Rom und Konstantinopel an dritter Stelle, den größten Pferdemarkt in Europa.

▲ Paketservice Prager Art

▼ Barocke Jugendstilpracht am Masaryk-Ufer

▲ Am Masaryk-Ufer reihen sich ...

▼ ... gründerzeitliche Prachtfassaden

▼ *Das ›Tanzende Haus‹ sorgt für einen spektakulären Kontrast*

Die Bastion der Opposition

Die Neustadt ist ebenfalls eine Gründung von Karl IV., dessen Person, Werk und Bedeutung sich wie ein roter Faden durch ganz Prag zieht. Immer wieder staunt man über die großzügigen Maßstäbe. Auch am Viehmarkt, dem heutigen Karlsplatz, als Zentrum des jungen Prags den Studenten von den Jura-, Philosophie- und Medizin-Fakultäten, der technischen Uni und der trendig gekleideten Businessklasse aus den umliegenden neuen Büros vorbehalten. Über den Dächern spitzeln auch hier die Kirchen, Kreuze und der mächtige mittelalterliche Turm des Neustädter Rathauses, der ewig aufmüpfige Rivale des Altstädter Ratsitzes der konservativen Stadtherren.

Mit denen lebten die Neustädter in ständigem Konflikt als politische und wirtschaftliche Opposition, als Partei mit der anderen geistigen Haltung und Religion. Drüben katholisch, hier protestantisch – was man heute noch merkt. Die Gebäude in diesem Viertel haben anderen Charakter, sind großstädtischer, zugänglicher, weltoffener. Für den Bildungsreisenden führt der Weg zwingend zum Emmauskloster, Karls Vision eines slawischen Vatikans als Gegenpol zu Rom. Doch dieser Traum ging nicht in Erfüllung. Das gigantisch geplante Bauwerk, zu Karls Lebzeiten nicht fertig geworden, wurde, so selten in Prag auch Kriegsschäden vorkommen, schwer in Mitleidenschaft gezogen. Man hat es inzwischen verschmerzt. Denn bereits unweit am Moldau-Ufer der Neustadt blättern sich wieder Bilderbuchseiten auf: prachtvolle Jugendstilhäuser mit wunderbar mosaikgeschmückten Fassaden, angriffslustigen Adlern aus Bronze auf den Giebeln.

Davor liegt, von mächtigen Bäumen beschattet, die Slawen-Insel. Eine herrliche Frischluft-Oase. Plötzlich, noch mitten in Prag, ist man sehr weit weg vom Rummel. Bei einer kleinen Ruderpartie lüftet sich der Kopf. Vielleicht ganz gut, kurzzeitig mal von den glorreichen Königsstatuen, Ritterpfaden, versteinerten Mahnern und Rufern nach Gerechtigkeit Abstand zu nehmen – bis man wieder im nächsten ›Bermuda-Dreieck‹ aus Kneipen, Katakomben und Kunstbunkern verloren geht.

Maßstab 1:15.000
0
200 m
LETNÁ
Letenské sady
VLTAVA
JOSEFOV
ST. MĚSTO
NOVÉ MĚSTO
VINOHRADY
VYŠEHRAD
Hradčanská
Malostranská
Staroměstská
Náměstí Republiky
Hlavní nádraží
Můstek
Národní třída
Muzeum
Karlovo náměstí
I. P. Pavlova
Náměstí Míru
Anděl
Vyšehrad
Florenc
Vltavská
Milady Horákové
Edvarda Beneše
Nábřeží Ludvíka Svobody
Karlův most
most Legií
Jiráskův most
Palackého most
Wilsonova
Sokolská
Legerova
Žitná
Ječná
Resslova
Svobodova
Vinohradská
Korunní
Slezská
Rumunská
Hybernská
Celetná
Karlova
Na poříčí
Revoluční
Křižíkova
Sekaninova
Jaromírova
Ciklova
Otakarova
Nuselský most
Střelecký ostrov
Dětský ostrov
Slovanský ostrov (Žofín)
Ostrov Štvanice
Kampa
Petřínské sady
Riegrovy sady
Rajská zahrada
1
2
3
4
5
6
7
8
9
10
11
12

62

Infos

Die hl. Luitgart auf der Karlsbrücke

An der Karlsbrücke

Die Karlsbrücke ist eines der schönsten und stadtprägenden Bauwerke Prags: Länge 510 m, Breite 10 m, 16 Bögen auf 17 Steinpfeilern gestützt. Die Bauleitung übernahm 1357 der 27-jährige Peter Parleř, der Meisterarchitekt Kaiser Karls IV.

Karlsbrücke 1 (Karlův most): Die Türme der Karlsbrücke sind wunderbare Aussichtspunkte (Zugang März–Okt., 9.00–18.00 Uhr). Der Kleinseitner Wachposten wurde 1464 errichtet. Den besseren Panoramablick bietet allerdings der **Altstädter Brückenturm**, an der Fassade herrlich plastisch geschmückt; eigenartig ist das Emblem Wenzels IV. mit einem Eisvogel in einem Tuchknoten, das Symbol für Liebe und Treue.

Der **Altstädter Wasserturm** (1425) mit gotischen Dachspitzen besitzt eine Renaissance-Uhr; das Originalwerk tickt seit 300 Jahren störungsfrei. Im einstigen **Prager Wasserwerk**, einem Neorenaissancebau von 1883, wird der ›Moldau‹-Komponist Friedrich Smetana mit eigenem Museum geehrt.

Kreuzherrenplatz 2 (Křižovnické nám.): Eine der malerischsten Ecken ist dieser Platz mit seinem römischen Flair. Zwei Barockkirchen, ein Wehrturm und der Altstädter Karlbrückenturm stehen in perfekter Architektur-Harmonie. In der Mitte die **Statue Karls IV.**, ein Denkmal zum 500-jährigen Jubiläum der Karlsuniversität 1848 – in Dresden modelliert, in Nürnberg in Bronze gegossen, daher von den Pragern nicht besonders geliebt. Rechts vor der Karlsbrücke steht die dem hl. Franziskus geweihte **Kreuzherrenkirche** (Kostel sv. Františka, 1679–1689); im Innern schwebt das grandiose Kuppelfresko ›Das Jüngste Gericht‹ (1722) in schwindelnder Wolkenhöhe.

Klementinum 3: Benachbart das einstige Bollwerk der Jesuiten (ab 1578) mit der – nach der Pariser Sorbonne – zweitgrößten Bibliothek Europas mit fünf Mio. Bänden. An die Jesuiten erinnert der barocke Bibliothekssaal, mit biblischen Themen ausgeschmückt; mit Rokokoausstattung der ›Mozartsaal‹. Vier Kirchen sind in diesen Komplex eingefügt: Die Architekten Lurago und Caratti brachten die barocken Umbaupläne für die **Salvatorkirche** (bis 1601 bzw. bis 1659) aus Rom mit; am Sims stehen Apostel, im Innern der schönste Christus von Prag in Erlöserpose von Bildhauer Bendl (regelmäßig Konzerte mit Barockmusik). In der Karlsgasse (Karlova) die halbrunde **Welsche** (italienische) **Kapelle**, nebenan die **Klemenskirche** (1711 bis 1715, heute griechisch-katholisch) mit bemerkenswerten acht Plastiken von Matthias Bernhard Braun (dem Bildhauer von der Karlsbrücke) im Inneren. Am Nordosthof die **Spiegelkapelle** (1724; gelegentlich Kammerkonzerte).

Das **Palais Clam-Gallas** am Marienplatz (Mariánské nám.) gehörte einst dem Enkel des Pferdeknechts von Albrecht von Wallenstein; zu seinem Adjutanten aufgestiegen, wurde er zum Verräter und lieferte den Feldmarschall einem Attentat aus. So skrupellos er seinen Reichtum vermehrte, gelangte er durch Heirat auch zu einem Adelstitel. Die gewaltigen Herkulesfiguren am Eingang demonstrierten den Status des Emporkömmlings. In den Prunksalons wurde viel gefeiert und musiziert. Ludwig van Beethoven gab hier 1796 sein Prager Debüt (heute Sitz des Stadtarchivs, im Sommer abends Konzerte; Eingang Husova 20).

TIPP

›Café Lávka‹

Der ›Steg‹ ist eine steinerne Plattform über der rauschenden Moldau, mit Panorama auf ein für die Hobby-Fotografen beliebtes Motiv: Karlsbrücke plus Hradschin aus der Froschperspektive. Vor dem Eingang zum Smetana-Museum sitzt man träumerisch in einem Terrassen-Café und schaut den Möwen zu.

SPECIAL

Abkürzungen

Wege oder lange Namen, die Prager schätzen Abkürzungen: Der Wenzelsplatz heißt ›Václavák‹, der Altstädter Ring statt des umständlichen Staroměstské náměstí kurz ›Staromák‹, der Karlsplatz ›Karlák‹. Und die Schleichwege vom Wenzelsplatz in die Seitenstraßen führen über die Passagen, zugleich Shoppingarkaden: Alfa, Bránik, Lucerna, Adria. Über Světozor gelangt man in den Franziskanergarten, über ›Koruna‹ zum ›Goldenen Kreuz‹. Die Wenzelspassage verbindet den Karlsplatz mit dem Vorhof des Emmausklosters, kurz und niedlich ›Emauzy‹.

Astronomische Uhr am Altstädter Rathaus

Rund um den Altstädter Ring

Die ganze Stadt gleicht einem Freilichtmuseum. Im Prager Bauamt sind über 2000 historische Gebäude auf einer Fläche von knapp 800 ha gelistet. Praktisch jedes Haus in der Altstadt steht unter Denkmalschutz. Zentrum des Viertels ist der **Altstädter Ring** (Staroměstské náměstí); der 9000 m² große Platz um das Hus-Denkmal von 1915 war ursprünglich Markt der Altstadt und wird heute von prächtig restaurierten Bauten umgeben. Wie auch Neustadt, Kleinseite und Hradschin war die Altstadt ursprünglich eine eigenständige Gemeinde; 1784 wurden die vier zur Stadt Prag zusammengeschlossen.

Altstädter Rathaus 4 (Staro-městská radnice): 1338 gestattete Johann von Luxemburg den Bürgern den Bau eines ersten Rathauses. In der Folge wurden bis zum Ende des 19. Jh. benachbarte Gebäude integriert, das Rathaus dadurch erweitert. Der gotische Ratssaal (1470) im 2. Stock blieb bestehen. Unter dem gotischen Erker richtete man 1621 die 27 Anführer des Zweiten Prager Fenstersturzes hin. Ein Lift bringt in den 69 m hohen Turm; die letzte Etappe muss man zu Fuß schaffen (Di.–So. 9.00–17.00 Uhr).

Im Haus **›U minuty‹**, neben dem Altstädter Rathaus und nach dem Besitzer Herrn Minuta benannt, wohnte Kafka für kurze Zeit mit seinen Eltern im ersten Stock. Die Fassade wurde um 1600 mit schwarz-weißen Sgraffiti ausgeschmückt.

Fast Südtiroler Flair besitzt der Havelmarkt

Der Pulverturm an der einstigen Stadtgrenze

Durch die Arkaden des Hauses gelangt man zum **Kleinen Ring** (Malé nám.) mit typischen altstädtischen Arkaden. Bemerkenswert die Fassaden der einstige Eisenhandlung ›U Rotta‹ und das Haus ›Zur Goldenen Lilie‹, 1698 vom Meister des Prager Barocks, Christoph Dientzenhofer, erbaut.

Auch die **Niklaskirche** (Kostel sv. Mikuláše, nicht zu verwechseln mit dem Niklasdom auf der Kleinseite) wurde 1735 nach Plänen von Dientzenhofer errichtet und in den 1950er-Jahren den Hussiten vermacht.

Das **Palais Goltz-Kinsky**, Spätbarock und Rokoko, ist noch ein herausragender Bau Dientzenhofers; zu besichtigen ist hier die Grafiksammlung der Nationalgalerie.

Teynkirche (Kostel Panny Marie před Týnem): Das Wahrzeichen der Prager Altstadt wurde bis 1365 aus Spenden der Kaufleute erbaut. Im Innern das Grabmal des Astrologen Tycho Brache und des von seinem Vater aus religiösen Gründen erschlagenen jüdischen Knaben Simon Abeles; der Leichnam wurde am jüdischen Friedhof exhumiert, christlich getauft und in der Teynkirche beigesetzt – für den ›rasenden Reporter‹ E. E. Kisch ein Krimi in seinem ›Prager Pitaval‹.

Havelmarkt ⑤ (Havelská trh): Seit 1240 besteht das Verkaufsrecht auf diesem Markt. Von Antiquitäten bis zu Viktualien ist alles zu haben – auf einem der Stände unter den breiten Schirmen liegt bestimmt der Pinkelpott des Kaisers Franz Joseph ...

Karolinum ⑥**:** 1348 gründete Karl IV. die Karlsuniversität (Železná 9), 1409–1410 von dem Religionsreformator Jan Hus als Rektor geleitet. Der gotische Prachterker, Rest eines als erstes Universitätsgebäude gestifteten Hauses (1370), überdauerte die Zeit im Originalzustand.

Die ehemalige Minoritenkirche **St. Jakob** (Kostel sv. Jakuba) in der nördl. gelegenen Štupartská wurde bis 1739 barockisiert und fällt durch ihre prächtige Ausstattung auf (Konzerte).

Pulverturm ⑦ (Prašná brána): 1475 wurde mit dem Bau des 65 m hohen Tors zur Celetná-Gasse begonnen, im 18. Jh. war es Depot für Schießpulver. Mit neugotischen Ornamenten und Skulpturen geschmückt, (um 1875) ist es breitbeinig wie ein ›schwarzer Ritter‹ zwischen den Altstadthäusern und direkt neben dem **Repräsentationshaus** (s. S. 94) zur Wache postiert (Aussichtsgalerie, Di.–So. 9.00–17.00 Uhr).

Wenzelsplatz

Der Wenzelsplatz ⑧ (Václavské náměstí), 750 m lang und 60 m breit, ist eher Boulevard als Platz und wird durch zahlreiche Passagen zum Labyrinth erweitert. Prachtvolle Bauten des Jugendstils und Konstruktivismus der 1920er- und 1930er-Jahre machen ihn zu einer Parade-Meile für Architekturliebhaber. Seinen Ursprung hat er in dem von Karl IV. angeordneten Pferdemarkt der Neustadt; das Wenzelsdenkmal, das den Landespatron als gewappneten Reiter zeigt, wurde 1913 aufgestellt.

Nationalmuseum (Národní muzeum): Die ›vaterländische Sammlung‹ reicht von den Steinen bis zu den Sternen. 1818 wurde das Museum gegründet; der 1885 an Stelle der alten Stadtmauer als oberer Abschluss des Wenzelsplatzes begonnene Bau erinnert an den Louvre in Paris, das Treppenhaus würde manchem Schloss zur Ehre gereichen, und in seinem ›Pantheon‹ werden verdiente Tschechen aus sieben Jahrhunderten präsentiert (tgl, 10.00–18.00, Mi. bis 21.00 Uhr).

Jan Palachs wird auf dem Wenzelsplatz gedacht

TIPP

›Café Milena‹

Das Café wurde nach der Freundin von Franz Kafka benannt und befindet sich im ersten Stock der Kafkastiftung. Aus den Fenstern ist die Astronomische Uhr des Alten Rathauses mit ihren Figuren zum Greifen nah – ein echter Logenblick auf dieses Meisterwerk und den Betrieb unten (Altstädter Ring 22, Eingang unter den Arkaden, tgl. 10.00 bis 20.00 Uhr).

›Grand Hotel Evropa‹: Architektonisch herausragend ist der 1906 eröffnete Repräsentant des Prager Jugendstils. Pop-Guru Frank Zappa hatte es nach der Wende erwerben wollen, um es unverändert zu erhalten – es war allerdings nicht zu verkaufen.

›Goldenes Kreuz‹: So wird doppeldeutig das Prager Manhattan genannt, die Meile der Banken, Shopping-Zentren, Mode- und Kino-Passagen unten am Wenzelsplatz mit dem Straßenkreuz: Nach rechts Na příkopě (Am Graben), nach links in die 28. října (Gasse des 28. Oktober, der Tag der Republikgründung) mit Anschluss zur Národní třída (Nationalboulevard), wo einst der Thronfolger Ferdinand d'Este mit seiner Familie gerne spazierte. Das Attentat auf ihn 1914 in Sarajevo löste den Ersten Weltkrieg aus.

Maria Schnee ⑨ (Kostel Panny Marie Sněžné): Diese Kirche (Jungmannovo nám.) sollte als eine der Neustädter Kirchen in ihren Dimensionen die St.-Veits-Kathedrale übertreffen. Das Gewölbe ist 1620 eingestürzt; seitdem hält sich das Gerücht von Teufelswerk, deshalb blieb sie unvollendet – die Türme fehlen.

Neustadt

Um den großen Zuzug an Handwerkern und Händlern zu bewältigen, wurde kurz nach Beginn der Regentschaft Karls IV. (1346) mit der Anlage der Neustadt (Nové město) begonnen – mit großzügigen Plätzen und mächtigen Kirchen.

Neustädter Rathaus ⑩ (Novoměstská radnice): Der Bau sieht neuzeitlicher aus, als er es tatsächlich ist; im 14. Jh. wurde er im gotischen Stil errichtet und später öfter umgestaltet. Das Rathaus war 1419 Schauplatz des Ersten Prager Fenstersturzes, ein Ereignis, das die Hussitenkriege auslöste. Auf den 50 m hohen Turm führen 221 Treppen (Karlovo nám. 23, Di.–So. 10.00–18.00 Uhr).

Infos

Mit weitem Rundblick: Neustädter Rathaus

Das **Fausthaus** (Faustův dům, Karlovo nám. 40, Di.–So. 10.00–17.00 Uhr) war im Lauf der Jahrhunderte Gastwohnung mehrerer Alchemisten. Einen der Bewohner holte Luzifer ab – so weit die Legende, die eine Verbindung bis zu Goethe knüpft. Heute dient der im 18. Jh. barockisierte Stadtpalast sinnvollerweise als Apotheke.

›Tanzendes Haus‹ 11: Der Kalifornier Frank O. Gehry bekam 1992 die Ehre, für die einzige Bombenlücke an dem wunderbaren Jugendstil-Ufer (Rašinovo nabřeži/Ecke Jiráskovon nám.) an der Moldau ein Objekt zu planen. Sein schiefer, schräger, splittriger, runder und bauchiger Entwurf fand auf Anhieb Gefallen. Gehrys auch ›Ginger & Fred‹ genannter Bau trägt am Dach eine avantgardistische Erdkugel. Darin residiert das französische Gourmetrestaurant ›Le Perle de Praque‹ mit Panoramablick bis zum Hradschin.

Emmauskloster 12: Das große kulturelle Zentrum im Mittelalter war eines der wenigen architektonischen Bombenopfer des Zweiten Weltkriegs; bis 1967 wurde die gotische Klosterkirche wieder hergestellt. Der Kreuzgang ist ein beeindruckendes Beispiel für die gotische Malerei in Prag (um 1360; Botanická zahrada 24, Mo.–Fr. 10.00–18.00 Uhr).

Paläste des Geldes

New economy gab es bereits vor 100 Jahren. Ende des 19. Jh. wurde Prag zum heißen Spekulationspflaster Europas. Und die Macht der Banken fand ihre architektonische Form, abgeleitet von den historischen Fassaden, überfrachtet mit heroischer Symbolik. Schon damals konstruierte man verglaste Schalterhallen, Atriumhöfe mit verzierten Decken und Galerien mit Säulenpracht aus Marmor. Prestige – ausgedrückt durch Kunst und Design. Die Finanzkraft der damaligen Ersten Republik, die zu den zehn führenden Industrienationen der Welt zählte, ermöglichte bahnbrechende architektonische Experimente. Die Avantgarde der 1920er- und 1930er-Jahre konkurrierte in der Qualität mit New York. Fließende Streamline-Bauten, voll verglaste Fassaden und halbrunde Balkonfronten. Auch damit setzte Prag neue Akzente – neben den üblichen Museumsvisiten empfohlen.

Sehenswert: Die **Živnostenská banka** (Gewerbebank, Na příkopě 20) am ›Goldenen Kreuz‹ wurde nach dem Muster eines florentinischen Medici-Palasts ausgeführt (Neorenaissance, 1894–1896). An der Fassade Mosaikkunst des genialen Malers Mikoláš Aleš, des Ausstatters des Nationaltheaters. In der Vorhalle Statuen von zwölf nur böhmischen Königen – keine Ehrung für Ausländer, der nationalen Gesinnung entsprechend.

Ein Tempel des Geldes ist der **Sparkassenbau 5** zwischen Havelské nám. und Šytířská-Gasse, 1890 errichtet mit Glasdach aus Ornamentenglas, Statuen und Gemälden.

Einer Lebkuchen-Burg ähnlich wurde in den 1930er-Jahren für die italienische Versicherung Riunione Adriatica di Sicurta der **Palast Adria 9** erbaut (Jungmannovo nám. 19). In der Passage wunderbares Messingdekor und unter den Sonnenschirmen im ersten Stock ein angesagtes Terrassen-Café.

Ein paar Häuser weiter **Perla**, ein ehemaliges Kaufhaus und jetzt Finanzbüro (28. října 1). Formschöne Moderne, halbrunde, verglaste Ecke mit schlanker Vertikalgliederung, eine Perle der Architektur aus den 1930er-Jahren, heute als Vorbild für die Business-Glastürme der Postmoderne kopiert.

Die **Tschechische Akademie der Wissenschaften** (Národní 5) – dem Nationaltheater schräg gegenüber – ist ein weiterer Geldtempel im Stil der Neorenaissance (1896).

Zwischen Hauptbahnhof und Pulverturm ist das **Kongresszentrum der Nationalbank** (Senovážné nám. 30; auch für Konzerte) zu finden. Großzügig wie das Londoner Covent Garden und in den 1960er-Jahren zu Fernsehstudios umgewandelt. Eine Insider-Ecke mit Pubs (›John Bull‹) und Cafés rund um einen mittelalterlichen schwarzen Wehrturm.

Die Ähnlichkeit verblüfft: Wie ein Kachelofen einer Bauernstube wirkt die **Legienbank** (Na poříčí 46) in der Nähe des Pulverturms. Folkloristische Elemente einzusetzen, war in den 1920er-Jahren groß in Mode.

Auf der **Slaweninsel** (Slovanský ostrov) der schmucke, innen mit Gold verzierten Tanzpalast ›Žofín‹, draußen mit einem Gartenrestaurant unter Kastanien.

SPECIAL

Satelliten-Erfinder

Diesen Begriff prägte der deutsche Hofastronom Johannes Kepler (1571 bis 1633), von Kaiser Rudolf II. nach Prag bestellt, als er 1610 in der Karlsgasse 4 wohnte (Gedenktafel) und an seinem Zukunftsroman über den Flug ins Weltall schrieb. Keplers Planetengesetze und die Bemessung ihrer Bahnen – die Kepler-Ellipsen – wurden knapp 400 Jahre später von 30 Raumsonden des modernsten Navigationssystems auf ihre Genauigkeit überprüft, und die unerhörte Präzision der Keplerschen Resultate wurde bestätigt. Der Himmelsforscher und Erfinder des astronomischen Fernrohrs schaute, laut einer Legende, auch für den Feldmarschall Waldštein in die Sterne. Das Ergebnis weigerte er sich allerdings zu offenbaren. Der große Heerführer wurde in Eger 1634 ermordet (siehe Palais Clam-Gallas). Man vermutet, Kepler hatte dieses unrühmliche Ende vorausgesehen, wollte aber nicht durch voreilige Unkenrufe in Ungnade fallen.

Die Türme der Emmausklosterkirche von 1967

Jugendstildekor in der Vodickovagasse

Josefov – Prags Jerusalem

Die Josephstadt ist einer der ältesten Orte jüdischer Kultur in Europa. Hier stehen die Legenden nicht nur im Museum, wird die Rückkehr einer fast verlorenen Tradition zelebriert. Man sieht es wieder auf der Straße: Die jungen Chassidim eilen in ihrer auffälligen Kleidung in die Synagoge. In religiöser Toleranz war Prag immer ein Vorreiter. Das Viertel, wo sich einst heimlich Rabbi Löw und Kaiser Rudolf II. trafen, über Geld und Glaube beim Wein sprachen, rangiert als Hauptattraktion jeder Pragreise gleich nach dem Hradschin.

Die Spanische Synagoge gilt als schönste Prags – und vermittelt prachtvoll orientalisches Flair.

▲ Alter Jüdischer Friedhof

▼ Der Zeitgeist gestaltete mit an der neuromanischen Zeremonienhalle

▼ Neugotisch umgestaltet: die Maiselsynagoge

▲ *Zeremonienhalle: Im Zeremoniensaal werden …* ▼ *… Gegenstände jüdischen Lebens gezeigt*

▼ *Hinter diesem schlichten Portal liegt das Agneskloster*

Es klingt alles märchenhaft, unwirklich. Allein die Namen: Aharon Meschulam ben Jeschaja ha-Levi-Horowitz, Mordechaj Katz, Jehuda Liva Schelomo Efraim Luntschitz – man liest die Inschriften in Hebräisch und darunter in Latein und verharrt andächtig, während die Phantasie auf Reisen geht. Wie war es damals in Prag?

Der Besucherboom in der Judenstadt hat alle Erwartungen übertroffen. Golem, Gräber, Synagogen, Silber im Zeichen des Davidsterns, die Person und das Werk von Franz Kafka wirken wie ein Magnet. Durch das ehemalige Getto, 1850 zu Ehren des Kaisers Joseph II. in Josephstadt umbenannt, führt die prachtvolle Maiselgasse als Pulsader. Hier entlang rattern die Kutschen, drängeln sich die Touristenströme zur Altneusynagoge. Nebenan das Rathaus, das jüdische, in Rosa. Ein Blick auf die Uhr auf dem Barockturm genügt, und schon wird klar: Es ist tatsächlich eine andere Welt hier. Die Zeiger auf dem vergoldeten Ziffernblatt gehen rückwärts! Im Hebräischen wird nämlich von rechts nach links gelesen, also läuft die jüdische Uhrzeit gegen den gewohnten Uhrzeigersinn.

David kam bis nach Prag

Am Anfang stand ein Stoßseufzer: O Jerusalem, du hochgewachsene Stadt. Danach begann die Suche nach dem Gelobten Land. Für die Juden als Sklaven Ägyptens war die Vorstellung, nach dem Tode vielleicht als Falke über den Wolken zu kreisen, nur ein schwacher Trost, waren die pompösen Begräbnisreisen der Pharaonen auf dem Nil ins Jenseits Hohn. So wurde der Blick statt dem leeren Himmel der Erde zugewandt. Die Illusion vom Paradies ersetzte das Bestreben, bereits auf dieser Welt satt zu werden. Es waren die Juden, die eine neue Weltanschauung begründeten.

Die staatstragenden Kirchen fühlten sich durch dieses Freidenkertum bedroht. Aber den christlich orientierten Königen des 12. bis 14. Jahrhunderts kam es gerade recht, dass jemand bereit war, sie vom irdischen Kleinkram zu entlasten. Die Juden! Ihnen vertraute man das Geld zur Verwaltung an, das in den Augen der nach himmlischer Perfektion strebenden Herrscherklasse als schmutzig – ja, als ein Werkzeug des Teufels

▲ Die Pinkassynagoge erinnert an die Holocaust-Opfer

▼ In der Klausensynagoge

▲ Kopfbedeckung und Souvenir zugleich: in der Pinkassynagoge

▲ Auch die Klausensynagoge ist heute Museum

▼ Wie aus ›1001 Nacht‹: Jubiläumssynagoge ▲ Von Benediktinern geplant: Altneusynagoge

– galt. Das Unglück nahm seinen Lauf. Als würde an dem Geld tatsächlich ein Fluch kleben, wurde es den Juden zum Verhängnis. Im Umgang mit den Finanzen besonders geschickt, zogen sie sich den Neid und die Missgunst aller Volksschichten zu. Ihr abendländisches Schicksal wurde zu einem unbeschreiblich schweren Leidensweg.

Prags erste Schnapsbrenner

Schon im Mittelalter jagte ein Pogrom das andere. 1421 aus Wien vertrieben, 1492 in Spanien durch Ferdinand ›den Katholischen‹ verjagt, ging der Hauptstrom der Flüchtlinge nach Prag. Die Hussitenstadt war die Metropole Europas mit der liberalsten Religionseinstellung, bot eine relativ sichere Zuflucht. Aber auch hier blieben den Juden Vertreibungen nicht erspart.

Die Blütezeit der jüdischen Zünfte, Kultur und Lebensart fügt sich mit der Herrschaft des kauzigen Rudolf II. zusammen. Von der Sammelleidenschaft besessen, erteilte der pausbackige Habsburger dem Rabbi Löw sogar eine persönliche Audienz – im Jahr 1592. Es ging ums Geld. Der chronisch klamme Kaiser hat, historisch belegt, die Juden stets angepumpt und ihnen dafür stillschweigend Privilegien eingeräumt.

Kaiser wie auch Rabbi wurden zu Symbolfiguren für das Prag der Künste, Wissenschaften und des Okkultismus. Neben historischen Fakten gibt es zahlreiche Anekdoten. Eine erzählt, was der misstraurische Rudolf II., den Genüssen des Lebens nicht abgeneigt, an den Juden am meisten schätzte: den ungepanschten Wein und Schnaps. Den brannten in Prag die Juden als Erste. Bei ihnen hat der Alkohol sogar eine religiöse Funktion: als Stimulans, Gott noch mehr Lebensfreude zu zeigen.

Little Jerusalem

Zum bitterbösen Paradox der Geschichte zählt, dass die Rettung und Erhaltung der Synagogenschätze, des Kulturgutes und vieler Gegenstände der jüdischen Tradition ausgerechnet das Werk der Nazis war. Das SS-Reichskommando in Prag veranlasste die Gründung eines staatlichen jüdischen Museums als ›Dokument einer

▲ Mitten in der Enge des Gettos: das Jüdische Rathaus

▼ Wer ist Prager, ...

▼ ... wer Besucher aus Amerika: Passanten in der Maiselgasse

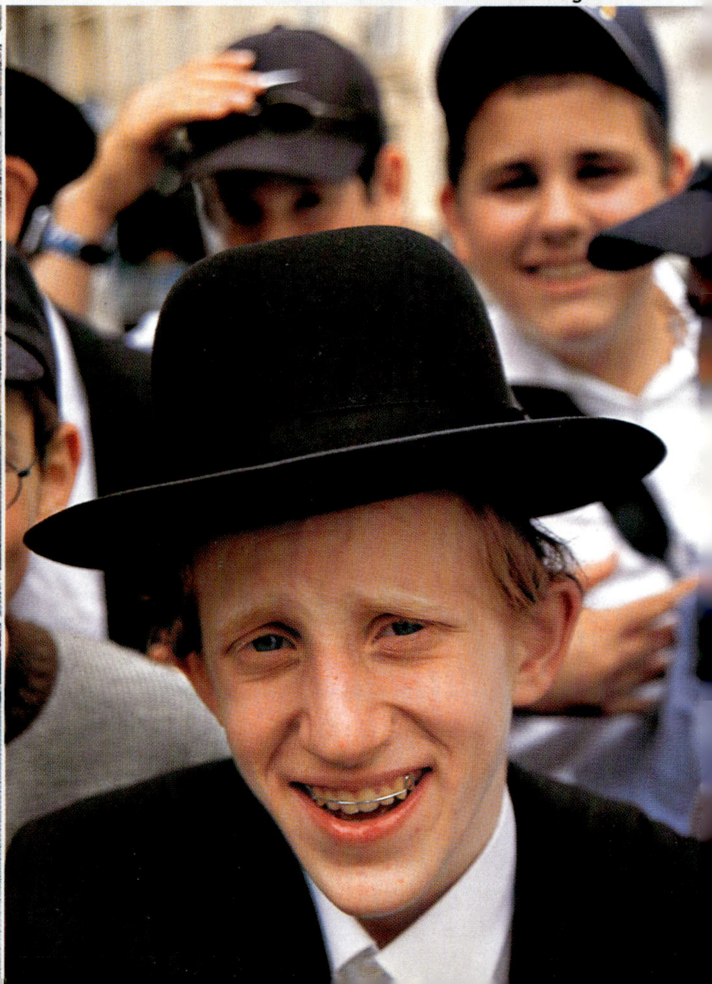

▲ Der Zeitgeist ist koscher in Prag

▼ Heute im Dienst des Tourismus: der Golem

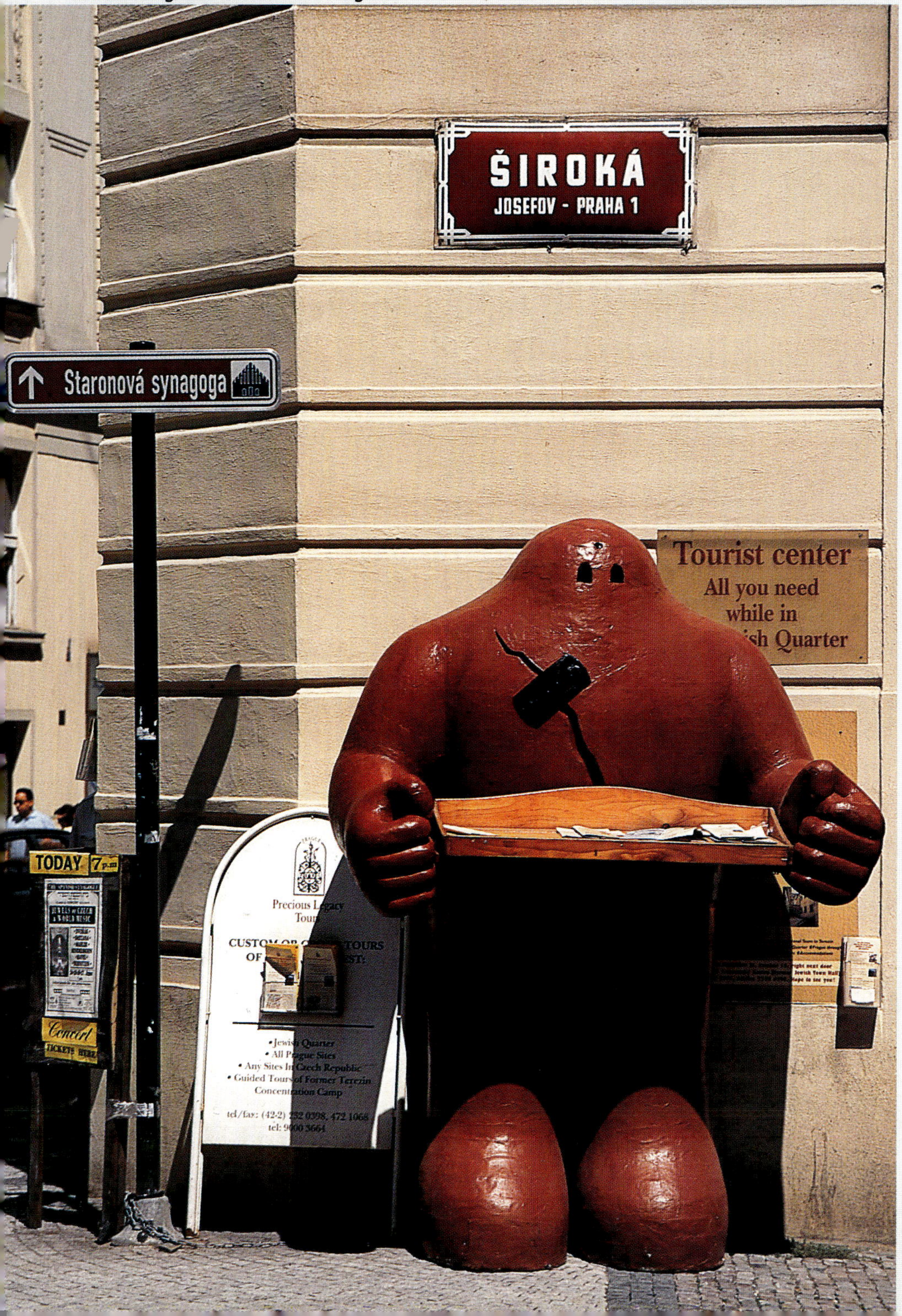

untergegangenen Rasse‹. Die Ausstellung sollte allerdings nicht durch Kunst oder jahrhundertealte Kostbarkeiten beeindrucken, sondern das Bild eines ›barbarischen Volkes‹ vermitteln – so der Auftrag. Vorher, 1942, wurden alle Synagogen des Landes geschlossen. Das Inventar wurde nach Prag geschafft. So kommt es, dass es hier mehr Thorarollen als in Jerusalem gibt. Unter den Kommunisten wurde dieses Erbe ziemlich achtlos verwaltet. Erst nach der Wende ging die Sammlung 1991 in den Besitz einer jüdischen Privatstiftung über. Neu geordnet und mit großem Aufwand restauriert, gehören die Exponate zu den Highlights für geschichtsorientierte Kulturbesucher Prags.

SPECIAL

Wer war Golem?

Erdkeim auf Hebräisch und Urtyp eines Terminators, der außer Kontrolle gerät. Ein Symbol für die Macht und Überlegenheit und zugleich eine Warnung davor, was passiert, wenn es zur Missachtung der moralisch-religiösen Gebote und gültigen Naturgesetze kommt. Die Deutung reicht von mystischen Fabeln bis zum Vergleich mit den Gefahren der Kernkraft. Zur Erinnerung an den Golem wird in Prags Synagogen der Psalm 92 zweimal gesungen – den ließ Rabbi Löw wiederholen, als es ihm gelang, das Monster Golem, seine Schöpfung, bei seinem Zerstörungsanfall im Getto zu stoppen. Gott sei Dank.

Selbst, wenn man sich nicht zu diesen Kreisen zählt, die Besichtigung des Alten Jüdischen Friedhofs sollte man nicht versäumen: 12 000 Grabsteine auf einer Fläche kaum so groß wie ein Fußballplatz. Nach altem jüdischen Brauch bringt man nicht Blumen, sondern Steine mit. Gemeinsam mit zusammengerollten Wunschzettelchen liegen die meisten von diesen Mitbringseln auf dem Grab des berühmten Rabbi Löw. Der ›Wunder wirkende‹ Schöpfer des Golem war als religiöser Philosoph und Lehrer Maharal – ›unser Herr‹ – der Juden. Das Geheimnis seines ›Schems‹, mit dem er Golem, seinen künstlichen Diener aus Lehm, zum Leben erweckt hatte, ist derweil gelüftet: Laut Kabbala, der jüdischen Mystik, besteht der Zaubervers aus den

▲ Die Pařížka möchte …

▼ … edle, internationale Einkaufsmeile sein …

▲ … und Weltniveau kultivieren

▼ Die Lust am Leben …

▼ … findet ihr designtes Ambiente: ›Pravda‹ in Blickweite zur Altneusynagoge

▲ *Die vielerorts prachtvollen Fassaden der Pariser Straße …* ▼ *… können noch Glanz vertragen*

72 Buchstaben des Namens Gottes, einer mathematischen Formel, aus der sich die Grundlage für die Spaltung des Atomkerns ableitet. Übrigens: Die Vorfahren vom Miterfinder der Atombombe, des Nuklearphysikers Robert Oppenheimer, ruhen auf dem Alten Jüdischen Friedhof in Prag.

SPECIAL

Auf Kafkas Spuren

Sein Geburtshaus an der Ecke Maislova/ U radnice wurde abgerissen. Eine Kafka-Büste markiert den Ort. 1968 angebracht, erinnert sie zugleich an die Geister, die den ›Prager Frühling‹ riefen. Das Werk von Franz Kafka (Dohle, 1883 bis 1924) war nicht nur bei Nazis, sondern auch bei den Kommunisten verpönt. Als Angestellter der Arbeitsversicherung verbrachte der einzige Sohn eines jüdischen Galanteriekaufmanns sein ganzes Leben in dem überschaubaren Karree der Prager Altstadt. Er verließ Prag nur einmal – zum Sterben in einem Lungensanatorium bei Wien. Als Kind blickte er aus seinem Zimmer in den bedrückenden Innenhof der Teynkirche, wohnte mit den Eltern im Goltz-Kinski-Palais am Altstädter Ring, später am Pariser Boulevard, besuchte die Karlsuniversität, arbeitete zuerst am Wenzelsplatz, danach in der Na poříčí unweit vom Repräsentationshaus. Obwohl er niemals direkten Bezug auf die Straßen, Plätze, Gebäude nahm, kommt Prag in Kafkas Büchern trotzdem eindeutig zum Vorschein. Kafka gilt als Meister der langen, verschachtelten Sätze mit unzähligen, eingeschobenen Nebensätzen. Die zwingend-beklemmende, klaustrophobische Atmosphäre in seinen Werken (›Der Prozess‹, ›Das Schloss‹) bezeichnet man als ›kafkaesk‹. Besonders gut im herbst-winterlichen Prag vorzufinden.

Eine Art Wiedersehen mit der Mystik dieser gotisch-jüdischen Kulisse kommt als Hollywood-Produktion weltweit in die Kinos: Ang Lee, Oscar-Preisträger für ›Tigers and Dragons‹, hat die Verfilmung des Comic-Klassikers ›Hulk‹ ins Prager Getto verlegt. In der Geschichte verwandelt sich der Wissenschaftler Bruce Banner nach einem Unfall mit Gamma-Strahlen in das grünhäutige Wesen ›Hulk‹ – gar nicht so weit von Golem entfernt.

Maßstab 1:15.000
0
200 m
62
LETNÁ
Letenské sady
Hanavský pavilon
VLTAVA
JOSEFOV
ST. MĚSTO
NOVÉ MĚSTO
VINOHRADY
VYŠEHRAD
Hradčanská
Malostranská
Staroměstská
Vltavská
Florenc
Náměstí Republiky
Hlavní nádraží
Můstek
Národní třída
Muzeum
Karlovo náměstí
I. P. Pavlova
Náměstí Míru
Anděl
Vyšehrad
Milady Horákové
Edvarda Beneše
Dvořákovo nábř.
nábř. Ludvíka Svobody
Těšnovský tunel
Wilsonova
Hlávkův most
Štefánikův most
Čechův most
Mánesův most
Karlův most
most Legií
Jiráskův most
Palackého most
Svobodova
Ostrov Štvanice
Střelecký ostrov
Slovanský ostrov (Žofín)
Dětský ostrov
Staroměstské nám.
Václavské náměstí
Petřínské sady
Kampa
Lichtenštejnský palác
Národní muzeum
Státní opera
Národní divadlo
Obecní dům
Prašná brána
Karolinum
U nemocnice
Fakultní nemocnice
Botanická zahrada
Emauzy
Kongresové centrum Praha
Vyšehradské sady
Masarykovo nádraží
Hudební divadlo
Riegrovy sady
Havlíčkovy sady
Smíchov
Ostrovní
Resslova
Ječná
Žitná
Jugoslávská
Korunní
Anglická
Legerova
Sokolská
Mezibranská
Vinohradská
Slezská
Ke Štvanici
Zimní stadión
Centrální tenisový dvorec Štvanice
Nár. technické muzeum
Národní zemědělské muzeum
Stadion Sparta Praha
Rudolfinum
Anežský areál
Jubilejní synagoga
Sportovní hala Slávie Praha
Stadion SK Smíchov
1
2
3
4
5
6
7

Infos

Das Jüdische Rathaus mit seinen zwei Uhren

Josephstadt, jüdischer Teil

Eine verschwundene Stadt, die den Verlust von über 80% der jüdischen Bevölkerung Prags nicht hat verkraften können. Übrig geblieben sind Synagogen und Museen, in denen die alte Geschichte durch den Ansturm der Besucher wieder lebendig wird – zum Jüdischen Museum Prag zusammengefasst. Aber nicht vergessen: Samstag ist Sabbath, das Getto ruht, der Herr ruft zum Gottesdienst, und da ist Respekt angebracht. Josephstadt (Josefov) nannte sich das Viertel zu Ehren Kaiser Josephs II., der ab 1780 neben anderen überfälligen Reformen per Dekret Religionstoleranz und nach jahrhundertelangen Schikanen ein Wohnrecht der Juden in ihrem Stadtteil anordnete. Zu Beginn des 20. Jh. wurde die alte, enge und heruntergekommene Bebauung großteils abgerissen; die sakralen Bauten und der Friedhof blieben erhalten.

ⓘ Jüdisches Museum Prag (Židovské muzeum v Praze), U staré školy 1, Tel. 24819456, Fax 24819458, www.jewishmuseum.cz; Reservierungszentrum (um sich Warteschlangen an der Kasse zu ersparen), U starého židovského hřbitova 3, Tel. 22317191, Fax 22317181, office@jewishmuseum.cz. Alle jüdischen Sehenswürdigkeiten (bis auf die Altneusynagoge) sind April–Okt. tgl. außer Sa. und jüdischen Feiertagen 9.00–18.00, sonst bis 16.30 Uhr geöffnet.

Alter Jüdischer Friedhof ❶ (Starý židovský hřbitov; U starého židovského hřbitova 3): TOP ZIEL Die ältesten Grabsteine stammen von 1439, die jüngsten von den letzten Begräbnissen von 1787 (dem Jahr, in dem Mozarts ›Don Giovanni‹ in Prag uraufgeführt wurde). Die Gesamtzahl der Grabsteine wird auf 12000 geschätzt, die der Toten auf 200000. Das meistbesuchte Grab: Rabbi Löw. Der Friedhof wird auf Hebräisch Beth-chaim genannt: Haus des Lebens.

Klausensynagoge ❶ (Klausova synagóga; U starého židovského hřbitova 1): Namengebend waren die drei kleinen Häuser (Klausen), in denen die Talmudschule, die Synagoge und die Krankenstation untergebracht waren. Ein Mehrzweckbau, finanziert von Kaufmann Maisel, Rabbi Löw und Elieser Ashkenazy; dessen russischer Namensvetter Vladimír leitet als Chef die Tschechische Philharmonie. Heute zeigt die Synagoge eine Sammlung zu jüdischem Leben, Gold und Silber von Bestecken bis zum Davidstern, wertvolle alte Drucke, Handschriften und Zeitdokumente.

Zeremonienhalle ❶ (Obřadní sýn; U starého židovského hřbitova 3a): Die historisch älteste Einrichtung der jüdischen Stadt wurde bis 1912 zu einer neuromanischen Kleinburg umgebaut. Ursprünglich war sie für die jüdische Begräbnisbruderschaft errichtet worden, die mit Gebetsritualen den Sterbenden in seinen letzten Stunden tröstete. Heute wird hier eine Ausstellung über jüdische Bräuche und Traditionen gezeigt.

Pinkassynagoge (Pinkasova synagóga; Široká ulice 3): Am Südrand des Friedhofs steht der wertvolle Renaissancebau (1625) mit historischem Brunnen für die religiösen Waschungen (Mikve). Im Innern der Synagoge sind rot-schwarz die Namen von 77297 Opfern des Holocaust in die Wände eingeritzt. Die beschädigte Liste wurde in einem aufwändigen Verfahren restauriert. Der 1. Stock ist einer Dauerausstellung ›Kinderzeichnungen aus dem Lager Theresienstadt‹ gewidmet. (Die Synagoge ist bis Aug. 2003 wegen der Beseitigung der Hochwasserschäden von 2002 geschlossen.)

Altneusynagoge (Staronová synagóga; TOP ZIEL Červená 2): Am Ende der Friedhofsgasse ist die älteste erhaltene jüdische Gebetsstätte Europas zu finden (April–Okt. So.–Do. 9.00–18.00, Fr. bis 17.00, sonst bis 17.00 bzw. 14.00 Uhr), ein frühgotischer Bau und, da Juden sich als Architekten nicht betätigen durften, 1270–1290 von den selben Benediktinermönchen errichtet, die auch das Agneskloster unweit des Gettos erbaut hatten. Am Eingang hängt in einem Glaskasten, wie die Tafeln Moses angeordnet, eine Namensliste mit Glühbirnchen; die leuchten jeweils am Todestag bestimmter Personen auf: Am 3. Juni beispielsweise für Franz

SPECIAL

Königin der Weisheit

Thora, Tora – hebräisch Lehre. Handgeschrieben, als Pergamentstreifen auf einer Holzwalze aufgewickelt, enthält sie fünf Bücher Moses – die Königin der Weisheit. Das Abschreiben erforderte höchste Konzentration. Es durfte kein einziger Fehler passieren, weil die Thora zugleich als Gesetz gilt, wo keine Korrekturen zulässig sind. Aus der Thorarolle wird jeweils bei den Gottesdiensten vorgelesen. Das Abwickeln vom Anfang bis zum Ende dauert ein ganzes jüdisches Religionsjahr – danach wird das heilige Rollwerk wieder zum Anfang zurückgespult. Wird die Thora beschädigt oder beschmutzt, muss sie in ein Zeremonienpapier verpackt in der Synagoge oder auf dem jüdischen Friedhof beerdigt werden.

TIPP

Seelenvolle Steine

Statt Blumen bringt man auf einen jüdischen Friedhof Steinchen mit – aber nicht irgendwelche! Sie sollen aus dem Heimatort des Besuchers stammen, damit sie ein würdiges Gedenken für die Verstorbenen sind. Die Sitte geht auf den biblischen Zug der Juden durch die Wüste zurück; die Gräber der Toten wurden mit Steinen beschwert, damit der Wind und wilde Tiere sie nicht beschädigten. Praktischer Nebeneffekt: Die Steinchen beschweren zugleich die ebenfalls mitgebrachten Wunschzettelchen und hindern sie am Wegfliegen. Aber auf keinen Fall irgendwelche Steinchen von der Erde aufklauben, um sie auf ein Grabmal zu legen: Man klaut ja auch keine Blumen von einem christlichen Grab!

Kafka. Frauen und Männer beten getrennt. Von der Decke herab hängt eine Fahne, ein Geschenk Kaiser Ferdinands III., verliehen für die jüdische Tapferkeit bei der Stadtverteidigung gegen die Schweden 1648. Der Name Altneu leitet sich ab vom hebräischen ›altnai‹, ›unter der Bedingung, dass‹,– ein Bezug auf die legendäre Entstehung des Baus, für den Engel Steine des Jerusalemer Tempels gebracht hatten, unter der Bedingung, dass diese zurückgebracht werden müssten, wenn der Messias käme und den Tempel wieder aufbaute. An der Altneusynagoge blieb ein Stückchen alter Gettobebauung erhalten.

Hohe Synagoge (Synagóga Vysoká; Červená 5, Eingang gegenüber der Altneusynagoge): Im 1. Stock des Jüdischen Rathauses – deshalb der Name Hohe Synagoge – ist die Rathaussynagoge untergebracht. Im 19. Jh. erfolgte die Trennung vom Rathaus und ein prächtiger Ausbau im Neorenaissancestil. Die Synagoge dient heute wechselnden Ausstellungen. Das **Rathaus** (Židovska radnice) selbst entstand 1586 als Stiftung des Bankiers und Bürgermeisters der jüdischen Stadt, Maisel, die heutige Rokokoform erhielt es um 1765. Attraktion ist die ›verkehrt‹ laufende Uhr mit hebräischen Ziffern; sie inspirierte Guillaume Apollinaire zu seinem Lazarus-Gedicht. Im Rathaus sind Verwaltungen der jüdischen Gemeinden Tschechiens untergebracht.

Maiselsynagoge 2 (Maislova synagóga; Maislova 10): Sie wurde bis 1592 errichtet (bis 1905 neugotisch umgebaut), gestiftet vom damals reichsten Kaufmann des jüdischen Prags, Mordechaj Markus Maisel. Heute beherbergt sie die Sammlungen von Gold und Silber der böhmischen Synagogen: Thorarollen, Menora, Becher und Waschgeräte (auch für die religiöse Beschneidungsprozedur), überwiegend aus dem 17.–19. Jh. – die wohl größte vergleichbare Kollektion der Welt.

Josephstadt, christlicher Teil

Die Glaubensgrenze verlief etwa entlang der Pařížská; die Pariser Straße führt vom Altstädter Ring zur Čech-Moldaubrücke. Die linke Seite war jüdisch, die rechte christlich. Das alte Getto verslumte im 19. Jh. Nachdem weggezogen war, wer es sich hat leisten können, füllten sich die Wohnungen mit Unterprivilegierten. Katastrophale hygienische Zustände brachten Seuchen-

SPECIAL

Kafkamania

Wie Goethe zu Weimar, so gehört Kafka (1883–1924) zu Prag. An jeder Ecke eine Spur. Doch es gibt nur zwölf echte Pflichtorte für Kafka-Verehrer, die man besuchen muss:

Foto-Klick am Kafkaplatz: Das Geburtshaus (Náměstí Franze Kafky 1, Maislova / Ecke U radnice) wurde abgerissen, die Stelle 1968 mit einem Bronzekopf markiert. In Kafkas Souvenirshop ist auch ein ›Kafkaplan‹ zu erwerben.

Espresso-Pause am Altstädter Ring: Im Renaissancehaus ›U Minuty‹ mit wunderbaren schwarzen Sgraffiti an der Fassade (Staroměstská náměstí 2) begann Franzls Kindheit (1889–1893) mit Fensterblick auf das Altstädter Rathaus mit dem gotischen Erker. Im Erdgeschoss ein winziges Café.

Gebet für Kafka in der Teynkirche: Nebenan im Pfarrhaus ›U tří králů‹ (Zu den Drei Königen; Eingang Celetná 3) bekam Franz sein erstes eigenes Zimmer – mit Blick in den düsteren Kirchenhof. Das jagte ihm Ängste ein, sorgte nachts für Albträume.

Gotik-Blick am Karolinum: Hier, neben dem Ständetheater (Ovocný trh 1), holte sich Kafka 1906 als Jurist seinen Doktorhut.

Kafka-Bummel: Auf der Meile zwischen dem Platz der Republik (Náměstí republiky) mit dem grandiosen Repräsentationshaus (Jugendstil-Café) und Na poříčí steht

das Gebäude der ehemaligen Arbeiter-Unfallversicherung (Nr. 7). Hier hatte Kafka bis zu seiner vorzeitigen Pensionierung 1918 seinen Schreibtisch.

Burg-Tour: In dem Zwerghaus Goldenes Gässchen 22 (Zlatá ulička) fand der rastlose Kafka ein literarisches Asyl, um seinen Roman ›Das Schloss‹ zu beenden.

Romantische Momente: Kleinseitener Gärten (Vrtbová, Valdštejnská, Ledeburská zahrada) unbedingt durchstreifen. Gegenüber dem Palais Schönborn befand sich Kafkas letzter Wohnsitz (Na tržišti 15), bevor sein Leidensweg durch die Lungensanatorien begann. Der Roman passend zum Ort und Zustand: ›Der Landarzt‹.

Jogging-Trasse: Entlang der ›Hungermauer‹ am Petřín führte Kafkas beliebtester Spazierweg. Das eigentlich nutzlose Bollwerk war eine Maßnahme König Karls IV. gegen die Arbeitslosigkeit im Mittelalter. Auf diesen Märschen soll Kafka seine endlosen Sätze druckreif vorformuliert haben. Im Kopf.

Nachdenken: Der Alte Jüdische Friedhof war ein Ort, der Franz Kafka faszinierte und wo er gerne verweilte (Eintritt und Kopfbedeckung!). Und warum steht der Grabstein von Rabbi Löw schief? Sein Enkel wollte unbedingt neben dem legendären Großvater ruhen. Es gab aber keinen Platz mehr – da schob man ausnahmsweise Löws Grabplatte etwas beiseite.

Weltschmerz-Stunde: Das ›Café Franze Kafky‹ (Široká 12, tgl. 10.00–22.00 Uhr) ist zwar nicht authentisch, aber mit echtem Kafka-Geist. Schwermütige Originalzitate an der Wand. Der echte tschechische Kaffee heißt ›turek‹ – pechschwarz und so bitter wie Kafkas Zitate.

Kult-Treff: Kafkas letzte Ruhestätte (Neuer Jüdischer Friedhof Olšany) ist Treffpunkt aller von Untergangsstimmungen geplagten Kafka-Nostalgiker. Und: Um Kafkas Werk im Original lesen zu können, muss man nicht Tschechisch lernen. Kafka schrieb auf Deutsch!

Strudel-Schmaus im ›Evropa‹: Hier hielt der sonst scheue Dichter einmal eine Lesung und heiligte diese Nostalgie-Räume damit für Insider. Der hiesige Apfelstrudel (jablečný závin) hat noch ›sozialistischen‹ Beigeschmack: flach, trocken, sandig zwischen den Zähnen knirschend – aber mit Zimt!

Infos

SPECIAL

Gelber Judenstern

Im 13. Jh. wurde mit einem päpstlichen Dekret den Juden die Ausübung aller Berufe untersagt. Als einzige Existenzgrundlage blieb der Handel mit Geld. Doch als Pfandleiher und Wucherer verstießen sie gegen das Gottesgesetz von Fleiß auf Erden (›Im Schweiße deines Angesichts sollst du dein Brot essen‹). Leben ohne Arbeit galt als Sünde. Zur Warnung vor diesem ›gottlosen Volk‹ und als Hinweis auf den verwerflichen Berufsstand eines Kredithaies erfolgte eine schmähliche Markierung: Durch eine Spitzhaube und den gelben Stern – eingeführt als Pflichtzeichen für die Juden bereits im 7. Jh. in allen Ländern des Islams.

Ein stiller Ort für geistige Versenkung: der Innenhof des Agnesklosters

gefahr. Kriminalität und Prostitution erreichten die höchste Rate in ganz Prag. Bei der Sanierung 1893 zog man wie mit einem Lineal die Pařížská, diesen Klein-Boulevard nach Pariser Vorbild, durch das Viertel, gesäumt von Jugendstilhäusern mit Fassaden wie das Schloss Neuschwanstein. Die gegenwärtigen Investitionen und Bemühungen, in diese architektonische Prachtzeile auch Weltniveau hineinzubringen, versanden am Mangel zahlungskräftiger Touristen. Neben Luxusgeschäften stehen leere Ladenräume. Der neue Lack bekommt einfach keinen Glanz. Auf der rechten Seite liegt ein Viertel im Abseits der Besucherströme, Straßen mit nahezu kleinstädtischer Idylle.

Haštalské náměstí ⑤**:** Fast dörflich wirkt der Platz mit Kirche, dem Bistro ›Chez Marcel‹ (Haštalské nám. 12; 9.00–1.00 Uhr) mit Perrier und Pernod statt Prazdroj und dem Designer-Hotel ›Maximilian‹ (Haštalské nám. 4) als Kontrast mit Blick in die verträumten Gassen.

Altes Getto blieb an der Altneusynagoge

Spanische Synagoge ③ (Španělska synagóga; Dušin 12): Etwas abseits des Gettos liegt sie bereits auf christlichem Boden; demzufolge ist sie als einzige Synagoge Prags mit einer Orgel ausgestattet. Anstelle der ersten Synagoge Prags erbauten Flüchtlinge aus dem ›katholischen‹ Spanien ihre Gebetsstätte, die im 19. Jh. im maurischen Stil umgestaltet wurde – prachtvolle Erinnerungen an die Alhambra und das arabische Granada. Heute werden hier für den Ritus verwendete Textilien ausgestellt und gelegentlich Konzerte mit Klesmer-Musik veranstaltet.

Agneskloster ④ (Anežský klášter; U milosrdných 17): Eines der ältesten Bauwerke der Stadt wurde vor 750 Jahren durch die hl. Agnes, die Schwester König Wenzels I., angelegt (Di.–So. 10.00–18.00, Do. bis 20.00 Uhr). Die komplette Restaurierung lobte Papst Paul VI. bei seinem Pragbesuch überschwänglich. Im Kloster werden Sammlungen der Nationalgalerie aufbewahrt – Malerei des 19. Jh. im Geiste der ›nationalen Wiedergeburt‹. Es finden auch Kammermusikkonzerte statt.

Ausserhalb der jüdischen Stadt

Jubiläumssynagoge ⑥ (Jubilejní synagóga; Jeruzalemská 7, So.–Fr. 13.00–17.00 Uhr): Der Bau beeindruckt mit einer maurischen Fassade im Stil von 1001 Nacht. Die größte Synagoge Prags (850 Sitzplätze) war Drehort für die Hochzeitsszenen in dem Film ›Comedian Harmonists‹. Im hinteren Teil können auch nichtjüdische Besucher dem Gottesdienst beiwohnen.

Neuer Jüdischer Friedhof ⑦ (Nové židovský hřbitovy; Israelská 1, außerhalb des Kartenausschnitts in Verlängerung der Vinohradská): Hier wurde der Schriftsteller der ›dunklen Ecken, geheimnisvollen Gassen und blinden Fenster‹ begraben – Franz Kafka starb 1924 im Alter von 41 Jahren in einem Lungensanatorium in Kierling bei Wien. Nachbarn in der neuen Sektion sind Präsident Klement Gottwald, der ›tschechische Stalin‹, und der 21-jährige Student Jan Palach, der sich 1969 aus Protest gegen den Einmarsch der Truppen des Warschauer Pakts mit Benzin übergossen hatte und verbrannte (Mo.–Do. und So. 9.00–16.00, Fr. 9.00–13.00 Uhr).

Ein bisschen italienisch: Široká

Der Burghügel der Götter

Ist der Präsident im Amt, weht über dem Hradschin die Staatsflagge – eine alte, vor mehr als 200 Jahren eingeführte Tradition. Die St.-Veits-Kathedrale diente den gekrönten Häuptern von der Wiege bis zur Bahre und ist heute noch allerheiligster Ort. Die Sammlungen der Museen und der Nationalgalerie sind von unschätzbarem Wert. Und, als wäre damit der Superlative nicht genug, der Hradschin zählt in der Kategorie ›geschlossenes Burgareal‹ zu den größten der Welt.

Der beste Weg hinauf zum Prager Hradschin führt unverändert über die Karlsbrücke.

▼ Von der Karlsbrücke kommend, ein Blick auf St. Niklas ▲ Arkaden säumen den Kleinseitner Ring mit Rathaus ... ▼ ... und Palais Lichtenstein

▲ *Im Inneren zeigt St. Niklas unglaubliche Prachtentfaltung*

▲ *Abendstimmung am Kleinseitner Ring*

▼ *Steil steigt die Nerudagasse an*

In Prag, hier in der Mitte Europas, ging der Blick nach West und Ost gleichermaßen. Heute kreuzen sich an diesem Punkt die Touristenströme beider Richtungen. Und wieder betrachtet man die neue Entwicklung mit einem lachenden und einem weinenden Auge.

Letzteres betrifft die Gegend um den Kleinseitener Karlsbrückenturm. Solchen Anstürmen sind die umliegenden Gassen nicht gewachsen. Die Folge ist wenig erfreulich: das Flair vielerorts verflogen, die Romantik futsch, die Studentenkneipen verschwunden. Was sich hinter den prachtvollen, von steinernen Atlanten bewachten Eingängen in den Innenhöfen abspielt, sei ein Frevel an der Tradition, schimpfen die Altprager: ›Bazar, Bazar, wo man nur hinschaut.‹ Die Kleinseite als ›Little Istanbul‹ – ein wenig erwünschter Kontrast zum ehrwürdigen Barock. Aber der Vergleich ist nicht so weit hergeholt, wenn man die Anzahl der Stände mit Tand, Ramsch und billigem Souvenir zusammenzählt, die Bauchläden mit Glasperlen, Narrenkappen und Filzhüten made in Nepal betrachtet. Neruda hätte darüber sicherlich bitterböse geschrieben und vielleicht nur die Bildungsreisen der Schulklassen positiv hervorgehoben – Prag als ein vitaler Anschauungsunterricht unter freiem globalisierten Himmel.

Wallfahrtsort der Engel

Aber es ist unverändert auch alles da, was Zeugnisse der europäischen Gesamtkultur liefern könnte. Der hl. Georg, der byzantinische Drachentöter im Dritten Burghof, genauso wie die Casa Santa am Wallfahrtsort Loreto. Jene ›heilige Hütte‹, die Engel aus dem bedrohten Nazareth einst auf einen Hügel bei Ascona verfrachteten. Prag erhielt einen Nachbau als Geschenk von der Adelsfamilie Lobkowitz. Aus dem Turm des vorgelagerten Klosters ertönt zu jeder vollen Stunde ein Marienlied. Bei diesem ranghöchsten Heiligtum der Tschechen bekommt man einen Vorgeschmack auf Assisi. Menschen, Massen, Mythen – und im Dunstkreis der Mini-Eiffelturm, 60 Meter hoch. Der schönste Aussichtsturm auf Prags höchster Erhebung, auf 318 Metern am linken Moldau-Ufer.

▲ *Kloster Strahov: Der Blick vom Hradschin zeigt die Größe der Anlage*

▼ *Die Klosterkirche ist heute auch Gemäldegalerie*

▲ *Der Glockenturm des Loreto-Heiligtums*

▼ *Bis unter die Decke Bücher: Philosophische Strahov-Bibliothek*

▲ *Strahov: die Theologische Bibliothek ...* ▼ *... und die Klosterkirche Mariä Himmelfahrt*

›Bewacher‹ der Kultur

Die Deutschen, bereits Ende des 13. Jahrhunderts erste Siedler der Kleinseite, tauften diesen grünen Buckel Laurenziberg. Er wurde später zum Galgenhügel bestimmt, damit man die Hingerichteten zur Abschreckung schon von weitem gut sehen konnte. Gottlob erinnert nur die Chronik an diese unrühmliche Funktion, und als Name bürgerte sich das tschechische Petřín ein, vom lateinischen Wort Petra für Felsen abgeleitet. Laurentius, tschechisch fast unaussprechlich Vavřinec genannt, geriet dennoch nicht in Vergessenheit. Erstens wurde für diesen in Rom zu Tode gefolterten Märtyrer auf dem Petřín eine wunderbare Kapelle erbaut. Zweitens hält er seine schützende Hand über das Prämonstratenkloster Strahov.

SPECIAL

Das Jesulein von Prag

Die Lobkowitz' haben nicht nur genommen, sondern auch gegeben – das Prager Jesulein zum Beispiel. 1628 erhielten die Karmeliterinnen diese 40 Zentimeter hohe Wachsfigur aus Spanien, und schon bald wurde sie wundertätig: die Pest gestoppt, die Karlsbrücke 1648 gegen die Schweden mitverteidigt, die klösterlichen Weinberge vor der Reblaus und die Stadt im Siebenjährigen Krieg vor Plünderungen bewahrt. Die Nonnen kleiden das ›gnadenreiche Kind‹ abwechselnd in 39 Gewänder; von Maria Theresia erhielt es eines aus Gold und Samt. Mittlerweile ist die Kirche St. Maria de Victoria in der Karmelitská ein anerkannter hochrangiger Wallfahrtsort. Und das Jesulein gibt es in einschlägigen Geschäften in allen Größen für Jedermann.

Nachweislich erfolgreich, denn dieser Komplex – als ›Bewacher‹, so der Name, gegründet und als Wiege der tschechischen Kultur und Bildung bewertet – wurde zweimal in Brand gesteckt. Von Schweden und von Preußen. Doch das Herzstück des Klosters, die Bibliothek und die alte Gemäldesammlung mit den unersetzlichen Altarbilder blieb jedesmal unversehrt. Aus dem zauberhaften Kirschgarten des Klosters öffnet sich ein großartiger Ausblick: Und die ›Perle an der Moldau‹ liegt dem Betrachter zu Füßen.

▲ Wachwechsel am Matthiastor: ... ▼ ... Blick in den Ersten Burghof

Blick von der St.-Veits-Kathedrale auf St. Georg ▶

▲ St. Veit: Westportal, ... ▼ ... ›Goldene Pforte‹ im Süden

›Verwunschenes Schloss‹

Majestätisch wie das römische Kapitol ragt die St.-Veits-Kathedrale empor, ein spitzer Gipfel auf dem Hügel der Götter. Schon zur Steinzeit bevölkert, schien er im 9. Jahrhundert genau die richtige Stelle zu sein, die Hand des hl. Veit als Reliquie zu bewahren, in einer eigens dafür erbauten Rotunde. Damit schlug die Stunde Null des Hradschin.

Doch das zur Erbfolge bestimmte tschechische Königsgeschlecht der Přemysliden starb bereits 1306 aus. Der Thron verwaiste. Und so wurde die Burg gewissermaßen zum Bahnhof der Landesgeschichte. Hier kamen die neuen Herrscher aus dem Ausland an – und brachten stets einen Koffer voller Baupläne für den Hradschin mit.

SPECIAL

Warum ist Wenzel heilig?

Eine Reliefserie auf der rechten bronzenen Portaltür der St.-Veits-Kathedrale zeigt die Legende. Am Beginn: Der Enkel der Landespatronin hl. Ludmilla wurde als Christ erzogen. Die große Tat: In einer Schlacht, um das Blutvergießen zu verhindern, forderte der Landesfürst Wenzel (903–935) seinen Gegner zum Duell auf; doch der Herzog von Rauchwart (Kouřim) legte sein Schwert ab, weil er in einer Vision Wenzel zwischen zwei Engeln sah. Das Ende: Wie in der Bibel bei Kain und Abel wurde Wenzel von seinem Bruder Boleslav dem Grausamen erschlagen. Der Helm auf Wenzels Kopf glänzt wie Gold. Kein guter Tscheche versäumt es, bei einem Burgbesuch das Haupt des obersten Schutzheiligen des Landes zu berühren. Bringt Glück!

Den Anfang machte Landesvater Karl IV. Er hatte zwar eine tschechische Mutter, aber einen Luxemburger als Vater. In Frankreich erzogen, wünschte er sich in Prag ein Gotteshaus ähnlich der Pariser Notre Dame, und so wurde 1348 mit dem Bau der St.-Veits-Kathedrale begonnen. Der polnischstämmige König Wladislaw ließ den gleichnamigen Saal für seine Ritterturniere errichten. Der habsburgische Kaiser Rudolf II. bestellte für sich den Spanischen Saal, weil er Verwandte in Granada hatte. Und als Maria Theresia den Thron bestieg, wurde es auf dem

▼ Die Wenzelskapelle in St. Veit

▲ Ausreichend für Ritterturniere: Wladislawsaal

▼ Ritterliche Erinnerungen in Shops des Goldenen Gässchens

▲ Mihulkaturm: Verteidigungsanlage vergangener Zeiten ▼ An der Alten Schlossstiege

Hradschin wienerisch: Die gesamte Frontseite erhielt eine Fassade nach dem Vorbild der Wiener Hofburg. Geradlinig und streng, wie die stets schwarz gekleidete Matrone selbst, absolutistisch herrschend und keinen Widerspruch duldend. Deshalb passte dieses klassizistisch-monumentale Erscheinungsbild auch zu dem Geist der kommunistischen Diktatur. Und zwar so erdrückend, dass Václav Havel das ganze Areal ›verwunschenes Schloss‹ nannte und sich in den ersten Amtsjahren als Präsident weigerte, seine Dienstwohnung hier zu beziehen. Erst als man für ihn im Königsgarten ein schmuckes Palästchen nach seinen Vorstellungen herrichtete, versöhnte er sich mit der Burg.

SPECIAL

Prager Fensterstürze

Eine sehr tschechische Art, Probleme zu lösen: Fenster auf – und raus! Fall eins: Als der Reformator Jan Hus 1419 beim Konzil in Konstanz wegen Ketzerei auf dem Scheiterhaufen landete, stürmten seine aufgebrachten Anhänger das Prager Rathaus. Die katholischen Stadtherren wurden kurzerhand ›defenestriert‹ und von den unten aufgestellten Lanzen der Meuterer aufgespießt. König Wenzel IV. erlitt einen tödlichen Herzinfarkt bei der Nachricht, und ganz Europa wurde durch die entflammten Hussiten-Kriege erschüttert. Fall zwei: 1618 fielen die katholischen Statthalter aus den Burgfenstern immerhin auf einen Misthaufen. Dennoch löste dieser Protest gegen die Religionsfreiheit in Prag den Dreißigjährigen Krieg aus. Als Fall drei bezeichnet man den Tod des Außenministers Jan Masaryk. 1948 kurz vor dem Machtantritt der Kommunisten fiel der Sohn des Republikgründers aus dem Badezimmer seiner Dienstwohnung in den Innenhof des Czernin-Palastes. Selbstmord lautete die offizielle Version. Nach der Wende häuften sich die Indizien für Mord. Doch die Spur wurde nicht mehr verfolgt. Aktenzeichen ungelöst.

Die Stadt in der Stadt

Die 1100-jährige Geschichte wird wie auf einer Bühne inszeniert. Gegensätzlich prallen die verschiedenen Epochen aufeinander. Das zwerghafte Goldene Gässchen erscheint als märchenhafter Gegenpol zu

▲ Am Rand des Hirschgrabens steht das Renaissance-Ballhaus

▲ Hinter diesem Gitter residiert der Präsident – ...

▲ Das Ballhaus zeigt detailreichen Fassadenschmuck

▼ ... sofern er in Prag weilt

▲ Im Goldenen Gässchen ▼ Nach außen Burgcharakter: Sternbergpalais mit Nationalgalerie

der geradezu toskanisch wirkenden romanischen Basilika des hl. Georg. Das kasernenhafte adelige Damenstift bildet einen Kontrast zu den ritterlichen Burgtoren. Und an der Wehrmauer kontrastieren die gruseligen Verließe der geschichtenträchtigen Kerkertürme mit den großzügigen drei Innenhöfen.

Harmonie und Widerspruch im ständigen Wechsel. Spätestens vor dem Lustschloss der Königin Anna, auch Belvedere genannt, fühlt man sich wie in Italien. Es liegt an der tänzerischen Leichtigkeit der Säulen, der Luftigkeit der Arkaden, an der Verspieltheit des ›singenden Brunnens‹. Unweit steht das florentinische, reichlich mit schwarz-weißen Sgraffiti geschmückte Ballhaus, eine ›Squashhalle‹ für Ballspiele der Renaissance, mitten in einem herrlichen Park voller Tulpen und Rosen. Der Blick führt in den Hirschgraben mit wilden, steil herabstürzenden Hängen – genau das Gegenteil von den lieblichen Paradiesgärten im Süden. Dort übrigens befindet sich zwischen Azaleen, Nelken und Tulpen die ›größte Obstschale der Welt‹ aus Granit, ein Nachlass von Präsident Masaryk.

›Wartesaal zum Großen Glück‹

Von dem Plateau aus hat man die Kleinseite von ihrer schönsten Seite im Visier. Mit dem Zauber und der Romantik ihrer Gärten, Kirchen und Paläste – von denen die meisten ursprünglich nur einem Zweck dienten: der Repräsentation. Wer am Hof in Wien, der Zentrale der Habsburger, eine Karriere anstrebte, musste zuerst einmal in Prag auf sich aufmerksam machen. Eine Wartestelle.

In sozialistischen Zeiten gehörten diese zauberhaften Ecken aus barocker und Rokokozeit mit ihren antiken Helden und neckischen Engeln zum Abseits. Ungepflegt verfielen sie. Es gehörte zu den schönsten Nachrichten für die Prager, dass diese Kleinparadiese wieder restauriert wurden und weitgehend öffentlich zugänglich sind.

Heute residieren in diesen Prachtbauten Botschaften, renommierte Firmen und die Regierenden der Republik: das Parlament, der Senat, die Kanzlei des Ministerpräsidenten und, auf einer Höhe mit

▼ Der Hang zwingt zu Terrassen: … ▲ … Gärten der Palais' Pállfy (oben) und Lederburgská ▲ Prags ›Eiffelturm‹ auf dem Petřín

dem Hradschin, der Präsident in seiner ›Dienstwohnung‹. Es ist genau so wie einst von den adeligen Gründern geplant. Die Kleinseite als der Sitz der Großen, der Entscheider und Strippenzieher – aber zum Glück auch noch der Kunst und Poesie. Und der Lebenslust.

›Kleinseitner Geschichten‹

Gesellige Brüder müssen die Dominikanermönche gewesen sein: Sie brauten das erste Bier auf der Kleinseite. In dem Kellergewölbe ihrer Brauerei geht es hoch her. Besonders, wenn eine Blaskapelle das Lied ›Škoda lásky‹ (›Schade um die Liebe‹) spielt. Ein Welthit, den jeder als ›Rosamunde‹ kennt – und echt böhmisch. Bei dem süffigen, dunklen Thomasbräu fällt der Verzicht auf die vermeintlich deutsche Urheberschaft leicht.

In einer Seitengasse der Mostecká, der Brückenstraße, gibt es eine kleine Kneipe, eingerichtet wie eine Tante-Emma-Theke des 19. Jahrhunderts. ›U snědeného krámu‹ (›Zum leer gegessenen Laden‹) heißt die Lokalität. Der Name wurde aus Jan Nerudas ›Kleinseitner Geschichten‹ übernommen, dem wohl trefflichsten literarischen Porträt dieses Viertels und seiner Einwohner, geschildert mit bitterer Ironie. Der zeitkritische Schriftsteller selbst wohnte in dem Haus ›Zu den Zwei Sonnen‹ in der steilen Sporner-, später nach ihm benannten Nerudagasse. Sie führt hoch zur Burg. In diesem Anwesen schäumte ein Bierausschank mit Pilsner Urquell. Deshalb hielt es Neruda in seinem darüber liegenden Quartier auch nur zwei Monate aus. ›Unerträglich laut‹, beschwerte er sich. An diesem Umstand hat sich bis heute nicht viel geändert. Genauso wie an den Hauswappen.

Bevor man die übliche Nummerierung in Prag einführte, ordnete man die Häuser nach ihren Besitzern, deren Zunft oder Standeszugehörigkeit. In ›Zu den Drei Geigen‹ wohnte der Violinbauer, bei den ›Drei Federn‹ der Hutmacher. In dem Haus ›Zum Goldenen Adler‹ gab es eine Apotheke, und was hinter den Pforten bei ›Zum Teufel‹ los war, ist leicht zu erraten: eine wilde Spelunke. Dass Luzifer persönlich den Schnaps brennt, weiß man nicht erst seit einem Schlager von Udo Jürgens.

▲ Kleine Erfrischung im Pállfy-Garten

▼ An engen Straßen: Kleinseiten-Palais' wie Pállfy

▼ Sala terrena im Waldstein-Garten

▼ Das Palais Fürstenberg, heute polnische Botschaft

HRADČANY
MALÁ STRANA
STRAHOV
SMÍCHOV
VYŠEHRAD
LETNÁ
OŘECHOVKA
NOVÉ MĚSTO
Staré Město
VLTAVA
Dejvická
Hradčanská
Malostranská
Staroměstská
Národní třída
Karlovo náměstí
Anděl
Pražský hrad
Letenské sady
Karlův most
most Legií
Jiráskův most
Mánesův most
Palackého most
Střelecký ostrov
Dětský ostrov
Slovanský ostrov (Žofín)
Petřín
Petřínské sady
Kinského zahrada
Seminářská zahrada
Lobkovická zahrada
Strahovská zahrada
Strahovský klášter
Památník nár. písemnictví
Loreta
Strahovský stadion
Stadion Evžena Rošického
Stadion přátelství
Caravan Camper
Tunel
Milady Horákové
Evropská
Československé armády
Patočkova
Vaníčkova
Myslbekova
Plzeňská
Vrchlického
Kartouzská
Duškova
Svornosti
Strakonická
Rašínovo nábřeží
Svobodova
Nerudova
Újezd
Karmelitská
Vltavská
Kampa
Lichtenštejnský palác
Valdštejnský palác
Národní galerie
Zlatá ulička
Královský letohrádek (Belvedér)
Královská zahrada
Stadion Sparta Praha
Stadion SK Smíchov
Praha Smíchov
Maßstab 1:15.000
0
200 m
1
2
3
4
5
6
7
8
9
10
11

Infos

Kleinseitner Ring mit Pestsäule von 1715

Kleinseite

Sie ist gar nicht so klein und mit der höchsten Dichte der Paläste pro Straße in Europa. Drehort für den Film ›Amadeus‹ (Hollywood-Oscar 1984) von Miloš Forman – an manchem verträumt romantischen Eck scheint die Zeit stillzustehen, seit Mozart hier zuletzt vorbeihastete. Erst 1784 wurde das im 13. Jh. gegründete ›kleine Prag‹ mit dem ›großen‹ vereinigt. Nach einem verheerenden Brand 1541 entstand das heutige Gesicht des Stadtteils, der sich im 17. und 18. Jh. zu einer von prächtigen Palästen, Gärten und Kirchen geprägten Residenzstadt entwickelte.

Kleinseitner Ring 8 (Malostranské nám.): Das Herzstück der Kleinseite ist in selten schöner architektonischer Harmonie gestaltet, in der Mitte der Dom St. Niklas.

Der Doppelpalast **Königstein-Smiřický** gehörte einst dem Stadthalter, der beim zweiten Prager Fenstersturz 1618 ›defenestriert‹ wurde. Im **Palais Kaiserstein** (U Petzoldů) wohnte in der ersten Etage die legendäre Sopranistin Ema Destinnová, Opernpartnerin von Enrico Caruso; als Erinnerung wurde ein Museumszimmer eingerichtet, auch für Arienkonzerte. Das **Kleinseitner Rathaus** (Malostranská radnice) wurde bis 1630 im Spätrenaissancestil umgebaut und dient heute kulturellen Zwecken. Die ganze Westseite der Platzes nimmt das imposante **Palais Lichtenstein** ein, 1791 klassizistisch umgestaltet und heute Sitz der Musikakademie.

Dom St. Niklas 8 (Chrám sv. Mikuláše): Die ehemalige Jesuitenkirche (1704–1761) ist das Hauptwerk der Architektenfamilie Dientzenhofer in Prag. Unter die 75 m hohe Kuppel würde der Mini-Eiffelturm vom Petřín passen. Der Glockenturm, 79 m, vom Architekten Anselmo Lurago beendet, diente während des Sozialismus als ein Lauschposten des Staatsgeheimdienstes, um die umliegenden Botschaften auszuspionieren. Im Innern des Doms erstreckt sich mit rund 1500 m² eines der größten Deckenfresken Europas. Küsten- und Hafenbilder gehörten damals zu beliebten Motiven, häufig in Verbindung mit dem hl. Nikolaus – als Schutzpatron der See- und Kaufleute entsprechend begütert, um die Kinder einmal im Jahr zu beschenken.

Kleinseitner Gärten: Zu sehen, wie der Gartenhang mit der Burg eine vollkommene Einheit bildet, ist eine Wohltat für die Augen. Über den Waldstein-Platz (Valdštejnské nám.) gelangt man zur **Lederburgská zahrada** 7 (tgl. 9.00–19.00 Uhr) mit Terrassen, Treppen, Steinbänken, Mosaiken, Rosenbeeten, Obstbäumen. Angrenzend die Gärten der Palais' Pállfy, Kolovrat und Fürstenberg mit den Botschaftsresidenzen von Belgien, Indien und Polen.

Der **Waldsteingarten** 7 (Valdštejnska Zahrada, Eingang Letenská, tgl. Mai–Sept. 9.00 bis 19.00 Uhr, sonst nur bei Konzerten) mit seinem Palast ist nach Burg und Klementinum der drittgrößte Baukomplex Prags, bis 1630 als erster Barockpalast der Stadt für Albrecht von Waldstein (Wallenstein) erbaut. Bemerkenswert sind die Salla terrena, ein toskanisch offener Hallenbau und das Deckenfresko im Gewölbe mit dem Hausherrn als Mars. Im Park der Neptunbrunnen und die Laokoon-Gruppe, die Darstellung des tödlichen Kampfes mit einer Meeresschlange.

Petřín 9 (Laurenziberg) nennt sich die grüne Lunge Prags mit Obstgarten, Aussichtsturm, Pavillons, Rosengarten, Spiegellabyrinth, dem Panorama der Schlacht an der Karlsbrücke von 1648 und dem Denkmal des Karel Hynek Mácha; am 1. Mai eilen alle Verliebten hin, um sich Glück bringend vor der Statue des Dichters zu küssen, der selbst aus unglücklicher Liebe in einem See den Freitod fand (Aufstieg zu Fuß oder per Erdseilbahn, Talstation Újezd, tgl. 9.00–23.30, im Winter 9.15–20.45 Uhr; Sternwarte tgl. 9.00–19.00 und 21.00–23.00 Uhr).

Karel Hynek Mácha auf dem Petřín

Zu Füßen des Petřín zählt die **Vrtbovská zahrada** (Eingang Karmelitská 25) zu den schönsten Gärten – mit Blick auf die Burg und im Vordergrund St.-Niklas-Dom, Terrassen und Statuen von dem Bildhauer der Karlsbrücke, Matthias Braun (Sommer-Serenaden, www.casusdm.cz). In der Nachbarschaft die deutsche und amerikanische Botschaft (Palais' Lobkovitz und Schönborn).

TIPP

›Café Kajetánka‹

Das kleinste Café der Kleinseite, den Dächern zum Anfassen nah und einst Sommerpavillon eines Nonnenklosters, mit zwei Zimmer in zwei Stockwerken, luftigen Türfenstern und Rundbalkonen. Eine enge Wendeltreppe führt hinab. Den Eingang sieht man nicht gleich: Er liegt bei der Statue des hl. Kajetan – dem mit dem eisernen Fähnlein, traurig einsam auf der Steinmauer der Burgrampe stehend (Hradčanské nám., tgl. 11.00–22.00, So. und Mo. bis 20.00 Uhr).

Hradschin

Ein Tag reicht kaum, um die wichtigsten Attraktionen zu besuchen. Zu bewundern gibt es die Museen und Galerien, gruseln lässt es sich in Kerkern, Katakomben und in der Königsgruft.

ⓘ Informationszentrum, St.-Georgs-Kloster, Dritter Burghof, Tel. 2437 3368, www.hrad.cz; tgl. 9.00–17.00, Nov.–März bis 16.00 Uhr. Das Burgareal ist tgl. 5.00–24.00, Nov.–März tgl. 6.00–23.00 Uhr geöffnet, der Eintritt kostenlos. Terrassen am Burgwall tgl. 10.00–18.00, Nov.–März bis 16.00 Uhr.

Die Besichtigung der Innenräume kostet Eintritt: Route A (St.-Veits-Kathedrale, Alter Königspalast, St.-Georgs-Basilika, Burggalerie, Goldenes Gässchen, Daliborka-Turm); Route B (wie A nur ohne Burggalerie), Route C (Goldenes Gässchen, Daliborka-Turm). Es gibt Familientickets.

Wege zur Burg: Sieben Möglichkeiten gibt es, den Hradschin (eigentlich Hradčany, Plural) zu erobern: **Alte Schlossstiege** von Klárov zum Osttor (Goldenes Gässchen) – bequem. **Neue Schlossstiege** von der Nerudagasse mit Blick über die Dächer der Kleinseite zum

Matthias-Tor – ein mittelschwerer Aufstieg. Von der Neuen Schlossstiege und dem Paradiesgarten über die **Stiertreppe** (Býčí schody) direkt vor das Südportal der St.-Veits-Kathedrale – ein Ergebnis der Modernisierung 1922 auf Wunsch von T. G. Masaryk. Über die Nerudagasse direkt zur südlichen **Burgrampe** – ein an den Dichter erinnernder Spazierweg. Über den **Königsgarten** (Chotkovy sady, Královska zahrada) zur Nordseite der Burg – ein Weg zum romantischen Schlendern. Von Norden über die **Pulverbrücke** (Prašný most) zum Durchgang in den Zweiten Burghof – bequem hineinflaniert. Über die **Neue Welt** (Nový svět), ein kleines Romantikviertel mit pittoresken Häusern, zum Hauptplatz, dem Hradčanské náměstí, und zum westl. Matthiastor– wie durch eine Theaterkulisse gewandert und unter dem Statuenblock der Kämpfenden Giganten in den Ersten Burghof einmarschiert.

Nationalgalerie 1 (Národní galerie): Die Sammlungen sind auf mehrere Orte verteilt (Di.–So. 10.00–18.00, Nov.–März bis 17.00 Uhr).

Im **Sternberg-Palais** (Šternberský palác, Hradčanské nám. 15) Alte Meister (u. a. Rembrandt, Breughel, Goya und Dürer) und die größte Sammlung von ›Franzosen‹ außerhalb von Paris (Gauguin, Rousseau, Seurat), sowie 15 Picasso-Gemälde (nur bis 17.00 Uhr).

SPECIAL

Hradschin-Herrschaften

bis 1306 Přemysliden (König Wenzel III. ermordet)
1310–1436 Luxemburger (Karl IV.)
1436–1449 böhmischer Thron vakant
1449–1471 Hradschin verwaist (König Georg von Podiebrad regiert im Altstädter Rathaus)
1471–1526 Jagiellonen (Polenkönige)
1526–1918 Habsburger
1918–1939 Erste Republik (1. Präsident T. G. Masaryk)
1939–1945 Reichsprotektorat Böhmen und Mähren (1942 Attentat auf Reinhard Heydrich)
1945–1948 Zweite Republik (Präsident Edvard Beneš, Ausweisung der Deutschen)
1948–1960 Volksrepublik (Präsident Klement Gottwald)
1960–1989 Sozialistische Republik (letzter kommunistischer Präsident Gustav Husák)
ab 1989 parlamentarische Republik (Präsident Václav Havel)

Blick vom Hirschgraben zur St.-Veits-Kathedrale

Im **St.-Georgs-Kloster** (Klášter Sv. Jiří, Dritter Burghof) böhmisches Mittelalter, wertvolle Altarmalerei und böhmische Meister (Škreta, Brandl, Kupecký).

In der **Rudolfsgalerie** (Rudolfská galerie, Erster Burghof) alles, was Kaiser Rudolf II. in Europa zusammenkaufte und wie ihn der Hofmaler Guiseppe Arcimboldo darstellte: mit Knollennase, Karottenkinn und Krautkopf. Die Sammlungen, zeitweise auch im Pulverturm (Mihulská věž) präsentiert, lassen erahnen, wie es um das Gemüt Rudolfs bestellt war: irgendwo zwischen Phantasie und Wahn.

Weitere Sammlung der Nationalgalerie im **Agneskloster**, im **Palais Goltz-Kinsky** in der Altstadt und im **Schloss Zbraslav**.

St.-Veits-Kathedrale 2 (Chrám sv. Vita): Die größte Kirche Prags (124 m lang, 60 m breit, Gewölbe 33 m hoch) entstand in beinahe 600 Jahren Bauzeit – 1344 Grundsteinlegung durch Karl IV., Ende 1929 mit dem neugotischen Westportal fertig gestellt. Das barocke Zwiebeldach setzte Nikolaus Pacassi, der Architekt Maria Theresias, auf den 99 m hohen Turm – für Puristen hat er damit die gotische Kathedrale verschandelt (Di.–So. 9.00–17.00, Turm bis 16.30 Uhr).

Die Fenster sind mit 40 000 Einzelgläsern ausgefüllt, von bedeutenden Künstlern als Fenstermosaike gestaltet. Die Orgel besitzt 6500 Pfeifen, in der Mitte des Chores türmt sich das Kaisergrabmal Rudolfs II. aus weißem Marmor (bis 1589); makabren Prunk repräsentiert das Hochgrab des hl. Nepomuk aus Silber (bis 1736). Von insgesamt 21 Chorkapellen ist die des hl. Wenzel die wertvollste: ausgelegt mit 1300 Halbedelsteinen.

Durch winkelige Treppen steigt man in die Königsgruft ab: Neben Karl IV. ruhen Jiří von Poděbrad (obwohl er nicht auf dem Hradschin herrschte), in der zweiten Reihe liegen die vier Frauen Karls IV. und sein Sohn Wenzel IV., zu Lebzeiten wegen Jähzorns und Ausschweifungen gefürchtet.

SPECIAL

Kathedralenbauer

Finden Sie drei Köpfe unter der großen Fensterrosette der St.-Veits-Kathedrale! Die drei Baumeister lugen schelmisch versteckt über den Sims: Von links: Matthias von Arras (verantwortlich für Grundriss und Chor, 1344–1352 am Werk), Peter Parleř (Ausführung 1352 bis 1399) und Benedikt Rejt (Ausbauten wie Wladislaw-Oratorium, 1493–1503). Als stilbildend gilt Parleř, Prags genialer Bauermeister, der offenbar auch Humor hatte. Auf der Triforiumsgalerie verewigte er sich mit einer Büste nochmals. Schräg dahinter schleicht eine steinerne Katze hinter einer Säule hervor: Sie hat das Gesicht von Parleřs Frau – die zänkisch gewesen sein soll.

St.-Georgs-Basilika 3 (Bazilika Sv. Jiří): Romanisch (925 geweiht), rund und im Innern minimalistisch: Die besonders schlichte Ästhetik, die Harmonie aus Marmor und Stein faszinieren. Wiederholte Umbauten brachten u. a. ein frühgotisches Gewölbe, Statuen von Christus und Engeln zeigen ausgewogene Schönheit. Nördl. schließt das ehem. Benediktinerinnenkloster St. Georg an, 973 gegründet und bis 1680 barockisiert (s. Nationalgalerie).

Goldenes Gässchen 5 (Zlatá ulička): Treppen führen aus der Georgsgasse (Jiřská) zu dieser Gasse, die sich zwischen zwei Kerkertürmen, dem Weißen und dem Daliborkaturm, an die um 1500 errichtete Burgmauer drängt. Goldmacher wohnten nie in den Zwerghäuschen, dafür die Bediensteten der Burg und kurzzeitig auch Franz Kafka – in Nr. 22.

Palais Lobkovitz 4 (Lobkovický palác): Eine Ahnengalerie, Porträts und wechselnde Ausstellungen, auch moderne Expositionen oder Raritäten wie die böhmischen Wolpertinger werden in dem barocken Palast gezeigt (16./17. Jh.). Außerdem werden Konzerte mit Kammermusik veranstaltet (s. Plakatierung, ab 20.30 Uhr).

Spielzeugmuseum (Toy Muzeum hraček): Gegenüber dem Palais Lobkowitz ist alles Blech – der Käfer und der Opa auf dem Motorrad, Schneewittchen, Ali Baba und Aladins Wunderlampe. Ein Erlebnis für Jung und Alt (tgl. 9.30–17.30 Uhr).

Im Innenhof des alten Burggrafenamtes Sommertheater mit Shakespeare-Inszenierungen (tgl. 20.30 Uhr).

Königspalast (Královský palác): Im 9. Jh. wurde der erste Fürstensitz errichtet (gegenüber der

St.-Veits-Kathedrale) und bis ins 16. Jh. den wachsenden und wechselnden Ansprüchen immer wieder angepasst. Danach war hier die Verwaltung hochherrschaftlich untergebracht.

Der **Landtagsaal** (Stará zemská sněmovna) aus dem 16. Jh. vermittelt das Gefühl, die Könige seien gerade nur kurz hinausgegangen, so authentisch wirkt die Raumatmosphäre.

Die Reitertreppe (Jezdecké schody) bildet einen breiten Zugang zum **Wladislawsaal.** Was für eine Betriebsamkeit hat hier wohl einst geherrscht? Der Saal selbst (Vladislavský sal) wäre aufgrund seiner Dimension einen Eintrag ins Guinness-Buch der Rekorde des Mittelalters wert: 62 m lang, 16 m breit, 13 m hoch, von Baumeister Benedikt Ried 1502 beendet. Seit 1918 wird hier feierlich der Staatspräsident gewählt.

Eine kleine Treppe führt zur **Allerheiligenkapelle** (Kostel Všech svatých) aus dem 14. und 16. Jh., einst zum anschließenden Damenstift gehörend.

Etwas aus der Mauer herausragend die **Böhmische Kanzlei,** wie geschaffen zum Fenstersturz – was 1618 hier auch geschah.

TIPP

Museum Miniatur

Flöhe mit beschlagenen Hufen, eine geigende Heuschrecke, und die Violine ist tatsächlich auch besaitet, das Kamel im Haarnadelöhr, ein Beethoven-Porträt im Mohnkorn. Der Künstler Anatolij Konjenko aus Sibirien hat daran 20 Jahre gearbeitet, mit Mikro-Hammer und Pinselstrich im Takt zwischen zwei Herzschlägen und ohne Wimpernzucken – um eine absolut ruhige Hand zu haben. Unglaublich winzige Werke, nur durch ein Mikroskop zu betrachten, werden in Strahovs Innenhof präsentiert (Nr. 10; Di.–So. 10.00–17.00 Uhr).

Der ›Singende Brunnen‹ am Schloss Belvedere

Königsgarten (Královska zahrada): Die Burg ist von Gartenanlagen umgeben – im Süden Wallgarten (Zahrada na Valech) und Paradiesgarten (Juni–Sept. Sa. 10.00–11.50 Uhr Konzert der Burgwachen-Blaskapelle im Musikpavillon, Eintritt frei), im Norden Hirschgraben (Jelení příkop) und Königsgarten. Dessen eine Begrenzung bildet das **Belvedere** 6 (Letohrádek Belvedér), das Renaissance-Lustschloss (1538–1563) der Königin Anna; davor aus Bronze der ›Singende Brunnen‹ – Hörgenuss, wenn man sein Ohr an den Brunnenrand legt. Heute beheimatet der Bau eine reizvolle Mischung dessen, was tschechische Künstler auch in New York ausstellen könnten: Avantgarde im florentinischen Ambiente.

Auf der anderen Gartenseite steht die spartanisch-gigantische ehem. **Reitschule** (Jizdárna; unter einer 300 Jahre alten Balkendecke Gegenwartskunst) und in der Mitte das **Ballhaus** (Míčovna pražského hradu), außen Renaissance und innen geräumig wie ein Flugzeughangar. Hier werden Sonderausstellungen für Architektur, Skulpturen, Kollagen und auch Historisches gezeigt.

Im Burgviertel

Kloster Strahov 10 (Strahovský klášter): In der Bedeutung für die Tschechen der Berg Zion, ein Komplex für Geist, Religion, Kunst und mit dem Nationaldenkmal Bibliothek eine bedeutende Bildungsinstitution: 130 000 Bände, 3000 Handschriften, 2500 Inkunabeln (Buchdrucke vor 1500) unter den prachtvollen Deckenfresken des **Bibliothekssaals** (bis 1727). Unter den verbotenen Büchern in einem Sonderregal auch der Astronom Kopernikus, der erstmals behauptet hatte, die Sonne stehe im Zentrum des Weltalls. Auf einem Podest aufgeschlagen das älteste Gästebuch Prags mit Eintrag von Lord Nelson und Lady Hamilton. In der Galerie sind die ältesten und schönsten Altarbilder Tschechiens zu betrachten.

Das Prämenstratenserkloster war um 1140 gegründet und nach Bränden und Zerstörungen wiederholt neu errichtet worden. Das heutige barocke Bild stammt aus dem 17. und 18. Jh. In der **Rochuskapelle**, bis 1617 als Dank für die Verschonung von der Pest errichtet, stellt periodisch Gott seine Gemälde aus: Karel, die ›goldene Stimme‹ als Hobbymaler. Die **Kirche Mariä Himmelfahrt** gilt als die mit dem schönsten Barock-Interieur Prags (tgl. 9.00–12.00 und 13.00–17.00 Uhr, striktes Fotoverbot).

Loreto-Heiligtum 11 (Loreta, Loretánské nám. 5): Das Meisterwerk des Prager Barocks basiert auf einem Entwurf (1721) der Dientzenhofer-Familie – ein Auftrumpfen der Gegenreformation. Sieben Kapellen säumen den Kreuzgang um die Casa Santa (1631). In der Schatzkammer im Westflügel u. a. eine Ringmonstranz, ausgeschmückt mit 492

Die Casa Santa im Loreto-Heiligtum

Diamanten, 186 Rubinen, einem Saphir, 24 Perlen und Smaragden, sowie die berühmte strahlenförmige Ringmonstranz mit 6200 Diamanten; nicht einmal in Rom gibt es wertvollere Kirchenjuwelen zu sehen (Di. bis So. 9.00–12.15 und 13.00–16.30 Uhr).

Burgplatz (Hradčanské náměstí): Der Platz vor dem Matthiastor erhielt sein heutiges Gepräge nach einem Brand 1541, als sich Adel und Domherren in der Nähe der Macht ihre Paläste bauten. Das wiederholt umgebaute ehem. **Erzbischöfliche Palais** (Arcibiskupský palác) erhielt sein Rokokogesicht 1764. Das Renaissancepalais **Martinitz** (Martinický palác; 16./17. Jh.) beherbergt Prags oberste Baubehörde. Im vierflügeligen **Palais Toscana** (Toskánský palác; 1691) residiert heute das tschechische Außenministerium. Und im Renaissancepalais **Schwarzenberg** (16. und 19. Jh.) ist u. a. das Armeemuseum untergebracht (s. S. 95).

Das Selbstbewusstsein des böhmischen Adels dokumentiert hemmungslos das italienisch angehauchte **Palais Czernin** (Černínský palác; 17. und 18. Jh.) am Loretoplatz.

0,1l BRUT

Bier, Knödel und Art déco

Kaffeehauskultur verbindet. Prag und Wien pflegen die gleiche Tradition. Beim Bierkonsum schluckt der Tscheche mehr als alle anderen Europäer – pro Kopf. Von den böhmischen Knödeln, dem Prager Schinken, Enten und Karpfen muss man nicht reden. Die kennt jeder und weiß: Die Könige lebten nie kalorienbewusst. Leichter (und teurer) wird in den neuen Gourmettempeln gekocht. Beim Shopping gibt sich Prag kurios: Man findet alles, was man nicht braucht. Und die Jazzszene, die gibt es noch – wenn es um sie auch etwas stiller geworden ist.

Im ›Le Provencal‹ wird um Mitternacht die Tapasbar zur Altstadt-Bühne.

▲ Das ›Café Slávia‹ und sein Absinthtrinker

▼ Das ›Café Imperial‹ gehört zu den schönsten in Prag

▼ Löwen und Grazien im ›Café Imperial‹

▲ *Das ›Café Patio‹ in der Narodni 22 zeichnet sich durch Design, Kunst und seine Salate aus*

▲ *›U Franze Kafky‹: mit Kafka-Zitaten an den Wänden* ▼ *›Evropa‹: Nostalgie-Hochburg*

Gute Unterhaltung braucht gute Darsteller und ein Publikum, das mitzieht. Diese Mischung stimmt an der Moldau. Prag feiert sich als Hollywood des Ostens. Die ganze Stadt ist eine einzige Filmkulisse. An irgendeiner Ecke steht immer ein Kamerateam. Die Chancen stehen gut, abends in einem der Cafés, Restaurants oder Szene-Kneipen Sean Connery oder Johnny Depp zu treffen. Und vielleicht ist im ›Club Lávka‹ über schäumenden Moldau-Kaskaden wieder Bruce Willis zu finden – wie bei seinem letzten Besuch. Auch anderes kommt bekannt vor, weil es im ›Tatort‹ oder in einem Video-Clip der Pop-Band ›U 2‹ bereits zu sehen war. Die Gassen um die Teynkirche mit einer Kneipe neben der anderen, das Klein-Paris mit Lokalen wie ›Markíz de Sade‹, ›Le Provence‹, ›Chez Marcel‹ und – zur Abwechslung einmal tschechisch – ›Kozička‹ (›Zicklein‹).

Die Getränkefrage

Und was trinken wir? Perrier ist angesagt, Pellegrino und Mattoni, Letzteres ein Mineralwasser aus Karlsbad. Die Bierfrage – Budweiser (Budvar), Pilsener Urquell (Prazdroj) oder neuerdings Radegast – bringt in Rage. Gerstensaft ist im Lande der Tschechen Kult, Religion, Philosophie und Politik zugleich. Doch mitunter geht die Diskussion, welche Marke nun die allerbeste sei, in dem neumodischen Getue um die Promis unter. Hatte man früher Schutzheilige ans Hauseck gehängt und in sozialistischen Zeiten Trostlosigkeit, so pinnt man heute V.I.P.-Fotos neben den Kneipeneingang. Im Weinlokal ›U vladaře‹ (›Zum Herrscher‹) oder im ›Kampa Park‹, einem putzigen Moldau-Pavillon, überall lassen alte Bekannte grüßen: von Arnold Schwarzenegger bis Tom Cruise, Mick Jagger oder Alain Delon. Demi Moore mit Kids allerdings zog McDonald's vor. Den in der Vodičkova-Straße, seitwärts vom Wenzelsplatz, sicher den schönsten der ganzen Hamburger-Kette. Mit kunstvoll vergoldeter Kassettendecke im Jugendstil.

Ruhmreiche Lokalitäten

Richtig geadelt hat Prags Gastronomie allerdings erst Bill Clinton: Vom ›Slávia‹ bis zur traditionellen Bierschwemme ›U zlatého tigra‹ (›Zum Goldenen Tiger‹) wurde

▲ Die ›Zwei Katzen‹ schätzen Pilsner Urquell

▲ ›Goldener Tiger‹ und ›flüssiges Gold‹

▲ Eine gemütliche Bestie: der ›Goldene Tiger‹

▼ ›Little Glenn‹ bietet abends Synkopen

▲ *›Staroměstský pivovar‹: Minibrauerei in der Altstadt*

▼ *›U Fleků‹: Schwejk lässt grüßen*

er von Amtskollege Havel geführt – erstaunlich, was für ein Pensum Präsidenten feuchtfröhlich bei einem Staatsbesuch bewältigen. Wie das Nationalcafé ›Slávia‹ zu seinem Ruhm als literarisches Kaffeehaus kam, ist eine andere lange Geschichte, die 1863 begann. Fest steht: Unter dem Riesenbild des Absinth-Trinkers, dem schemenhaft eine grüne Nackte am Tisch erscheint, wird jeder zumindest kurzzeitig zum Poeten, inspiriert von dem grandiosen Panorama. Auf dunkelgrünen Lederpolstern im Dreieck zwischen Nationaltheater, Karlsbrücke mit Hradschin und dem Hügel Petřín zu sitzen, das kann sonst kein anderes Prager Café bieten.

SPECIAL

Flüssiges Gold

Seit 1082 wird in Prag Bier gebraut. Im Mittelalter schloss die Gründung einer Stadt das Braurecht ein, dessen Vergabe königliches Privileg war. Bis 1842 war der Gerstensaft dunkel oder trüb. In jenem Jahr brachten jedoch die Pilsener eine neue helle und klare Sorte heraus – ein Zufallsprodukt des jungen Braumeisters Josef Groll aus dem bayerischen Vilshofen. Schnell wurde es beliebt, denn in den gerade modern gewordenen Gläsern sah das Urquell wie flüssiges Gold aus – und es schmeckte auch besser. Der Alkoholgehalt der tschechischen Biere ist niedriger als bei den deutschen. Die Geschmacksstärke wird nach dem Grad Plato gemessen (Verhältnis der Stammwürze zur Gerste). Es gibt 8, 10, 12 Grad und ein dunkles ›Dreizehner‹, die süffige Spezialität der Neustädter Brauerei ›U Fleků‹. Lokalpatrioten trinken Staropramen (Altquelle) oder Großpopowitzer Bock (Velkopopovický kozel). Neu sind die Mikro-Brauereien – eine ist in der ›Pasáž Myslbek‹ zu finden.

Nur ein Land der Knödel?

Für die Freunde aus den Bussen, die mit ihren wuchtigen Rückspiegeln wie riesige Hornissen gespenstisch durch die engen Altstadtgassen kriechen, zählt nur eins: böhmische Knödel. Man erzählt dazu die Anekdote, wie der liebe Herrgott das tschechische Volk, das diese runden, wenig schmackhaften Klöße erfand, glücklich machte: Er schenkte ihnen Schweine und

▲ ›Restaurant Pálffy‹: Diner à la Mozart bei Kerzenschein

▲ ›Parnas‹ im kühlen Stil der 1930er-Jahre

▲ Der ›Kelch‹ verspricht Handfestes Schwejkscher Art

▼ Das ›Blaue Entlein‹ überrascht mit Raubtierdesign

▲ ›Park Kampa‹: Eine bessere Lage am Fluss gibt es nicht

▲ Frankreich in Prag: ›Chez Marcel‹

▼ Unterhalb der Burg wartet der Kleinseitner ›Kater‹

einen Obstgarten dazu. So gibt es jetzt die ›knedlíčky‹ in allen Variationen. Aus Semmeln, Kartoffeln oder Quark, gefüllt mit Speck, Kraut, Marillen oder Zwetschgen. Trotzdem mussten noch die Nachbarn helfen, um den böhmischen Tisch zu verfeinern: Das Rezept für den Prager Schinken brachten die Italiener mit, das Geheimnis der Füllungen die Franzosen. Die Landesspezialität ›moravský vrabci‹ (mährische Spatzen), eine köstliche Mini-Roulade aus feinen Kalbs- oder Rinderstreifen, war ursprünglich eine jüdische Spezialität. Und ewig währt der Streit, wer der Erfinder von Palatschinken sei: Österreicher, Ungarn

SPECIAL

Not friendly, but human

Kostprobe für den Prager Humor? Im Restaurant. Der Kellner kommt nicht. Er ratscht. Führt ihn der Weg zufällig am Tisch vorbei, nimmt er wortlos die Bestellung auf. Geht. Ratscht weiter. Irgendwann bringt er das Essen. Stellt es mürrisch hin und schnellt davon, ist wieder mitten im Tratsch. Worüber redet er? Welche Regale er gekauft hat, für sein eigenes Lokal, das er demnächst eröffnet. Wer machte sich sonst noch selbstständig, wer ging Pleite? Dies interessiert ihn brennend. Wie schlecht das Geschäft allgemein läuft, wo es besser läuft und warum wohl. Zwischendurch regt er sich auf: über die Mieten, die Sperrstunde, die Gäste. Ob er auch alles hört? ›Zahlen, Herr Ober!‹ Na, wer sagt's denn: Die Rechnung hat der Ober längst parat. Schätzung oder Hochrechnung? Warum ist zweimal Couvert berechnet? ›Einmal für Salz und Pfeffer, zum zweiten Mal für die Gewürze, Brotkorb extra.‹ Aha, so steigen die Preise. Die Amerikaner am Nebentisch regen sich nicht auf. Sie sind schon längere Zeit in town und wissen: Der Prager ist nicht freundlich, aber menschlich – not friendly but human.

oder doch die Tschechen? Dabei liegt das Urheberrecht bei den alten Römern, die einen flachen Eierkuchen aus der Pfanne zauberten. Aber gut, mit Blick auf die Karlsbrücke schmecken sie tatsächlich in Prag am besten. Das New Yorker Hotel ›Four Seasons‹ hat dafür extra eine exklusive Terrasse bauen lassen, auf der man diese

▲ Das ›Hotel Pařiž‹ ist … ▼ … eine Jugendstil-Kostbarkeit

▲ Prag maritim: ›Botel Admiral‹ ▼ Noble Eleganz zeigt das ›Hotel Esplanade‹

▲ Besser geht's nicht: ›Four Seasons‹

▼ ›Hotel Paříž‹: bis ins Detail stilecht

Köstlichkeit hauchdünn gerollt bekommt, flambiert von einem italienischen Sternekoch. Als Gipfel der tschechischen Schlemmerberge gilt der ›Kerzenbraten‹ (›svíčková‹), ein sahniger Sauerrahmbraten aus Rinderlenden, die kerzengrade geschnitten sein sollen, daher der Name.

Traumblicke zurück

Wie im Roman wirken in Prag viele Hotels, allen voran die Traditionsherberge ›Evropa‹ am Wenzelsplatz. Dort atmet man Nostalgie pur. Mahagoni-Wände, Intarsien aus Perlmutt, Messingleuchter, eine komplette Einrichtung im Art déco, original mit Patina überzogen. Im ›Grandhotel Paříž‹ wurde gründlich renoviert, der Charme der Jugendstilsalons frisch geschminkt. Die Atmosphäre der viel gelobten ersten Republik findet man im ›Hotel Esplanade‹ vor, zu jener Zeit die vornehmste Adresse Prags. Decke, Kristallleuchter, Gemälde, Gobelins, Kamin und Möbel wie in einem Fürstenschloss. Ein junges Publikum zieht das ›Café Imperial‹ an, weil man sich hier so herrlich altmodisch fühlen kann. Zwischen den Kachellöwen und dem rätselhaften Sphinx-Dekor, fast wie in Kairo.

Für das Einkaufsmarathon

Gleich vor der Tür beginnt die Prager Shoppingmeile. Dem Kaufhaus ›Bílá labut‹ (›Weißer Schwan‹) folgt unweit als nächste Station ›Kotva‹ (›Anker‹), wo man günstig feine Lederhandschuhe findet. Hinter diesem Betonbunker beginnt das Gassen-Labyrinth der Altstadt. Goldschmiede, Galerien, Antiquitäten. Hier stolpert man über einen grimmigen Teufel, dort fällt einmaliges Blechspielzeug auf. Ziellos stöbern, schauen, trödeln, bis es einen in den Innenhof von Ungelt, ehemals ein Zollhof, mit prachtvollen Renaissancearkaden verschlägt. Die Nase führt schnurstracks in das Duft-Paradies ›Botanicus‹, mit Rosenöl und Bananenseifen – zum Anbeißen.

Die letzte Baulücke am ›Goldenen Kreuz‹ wurde mit einer ultramodernen Shoppingpassage ›Myslbek‹ geschlossen. Das ›Haus der Slawen‹ (Slovanský dům) zum ›Ster Century‹ umgebaut, ein Multiplex-Kino mit Wänden aus grünem Panzerglas, Ständen mit Popcorn und trendigen Shops für Sportswear. Das Konsum-

▲ *Land der Düfte: ›Botanicus‹ im Gewölbe des Týn*

▲ *Aus einer Markthalle wurde der ›Pavilon‹*

▼ *Böhmisches Glas trifft jüdisches Brauchtum: Maiselova*

▲ Souvenirs, souvenirs ...: ›Le Patio‹

▼ Dekoration in den Altstadt-Arkaden

▼ Amerikanisches Geld, Prager Architektur: Im ›Pavilon‹ präsentiert sich internationales Angebot

Nirwana öffnet sich dann am Wenzelsplatz. ›Bata‹, der legendäre tschechische ›Volkswagen der Schuhe‹ mit neuen Modellen, ›Darex‹ als architektonisch spannender Mix aus Jugendstil und New Yorker Flair – um nur zwei Tipps zu geben. Die reizvollen kleinen Läden entdeckt man im Benediktiner-Viertel rund um den Bethlehem-Platz. Malerbedarf, antike Bilderrahmen, Gewürze, spanische Weine und unter freiem Himmel an den Türläden hängend: Puppen, Marionetten, Figurinen. Leider ist das Sortiment durch den Tourismus geschädigt. Die meisten Shops in der Altstadt sind mit böhmischem Kristallglas eingeramscht. Die Portale hängen voller T-Shirts. Die Prager selbst kaufen in Großmärkten im Hafenviertel Holešovice ein. Dort in den Docklands gibt es sonntags Flohmärkte. Eine echte, halbwegs gut erhaltene Art-déco-Lampe zu finden, gleicht allerdings einem Sechser im Lotto. Noch stößt man auf rote Kommunisten-Sterne, ein Bild von Lenin oder Marx. Doch die Bilanz für die Schnäppchenjäger ist mager: Der Ausverkauf, der fand in Prag bereits statt.

Swing ohne Grenzen

Wer gegen den Kommunismus protestieren wollte, tat es cool mit Bebop und Synkopen. Gegen die Russen zu sein und Jazz zu mögen, war gleichbedeutend. Daraus rekrutierten sich zwei Generationen von fabelhaften Musikern und deren begeisterte Anhänger. Jetzt ist die Luft etwas raus. Das Tastengenie Jan Hammer emigrierte bereits nach dem Prager Frühling '68 nach Florida – dort lieferte er die Erkennungsmelodie für die Kult-Serie ›Miami Vice‹. Seine Mutter blieb: Die legendäre Sängerin Vlasta Průchová, eine lebendige Mitsiebzigerin, vorzugsweise auf der Kellerbühne ›U staré paní‹ zu hören – ›Zur Alten Dame‹. Eigentlich müsste es ›Bei Grandmadame‹ lauten, bei dem Rang der Frau Průchová als Prags zeitlose Ella Fitzgerald. Die Tradition wird darüber hinaus von einer Hand voll Kultbands gepflegt, die abwechselnd und fleißig die Prager Keller-Szene bespielen. Der Letzte, der bei diesen Klängen außer Rand und Band geriet, war Bill Clinton. Er schwang sich auf das legendäre Dixiepodium der ›Reduta‹. Seine Session ist als CD an der Kasse immer noch erhältlich.

Maßstab 1:15.000
200 m
LETNÁ
Letenské sady
VLTAVA
JOSEFOV
ST. MĚSTO
NOVÉ MĚSTO
VYŠEHRAD
VINOHRADY
Hradčanská
Malostranská
Staroměstská
Náměstí Republiky
Florenc
Hlavní nádraží
Můstek
Národní třída
Muzeum
Karlovo náměstí
I. P. Pavlova
Náměstí Míru
Anděl
Vyšehrad
Vltavská
Karlův most
most Legií
Jiráskův most
Milady Horákové
Edvarda Beneše
Letenský tunel
Těšnovský tunel
Wilsonova
Legerova
Sokolská
Žitná
Ječná
Resslova
Národní
Václavské náměstí
Staroměstské nám.
Střelecký ostrov
Slovanský ostrov (Žofín)
Dětský ostrov
Kampa
Petřínské sady
Štvanice
62
1
2
3
4
5
6
7
8
9
10
11
12
13
14
15
16
17
18
19
20
21
22
23

Kaffeehauskultur

›Ich sitze den ganzen Tag im Café und stelle mir vor, wie schön Prag sein muss. Nach der Sperrstunde habe ich Prag dann auch mal so erlebt‹, sagte Sir Peter Ustinov. Die Prager Kaffeehäuser sind auch das Richtige für einen gepflegten Tagesbeginn – wie die Öffnungszeiten zeigen. Die Klassiker sind:

Slávia 19: Von Literaten ›unsere Heimat‹ genannt und im Streamline-Design der 1930er-Jahre renoviert. Wer vergisst, hier einzukehren, war nicht in Prag. Immerhin kann man den ganzen Tag über frühstücken (Národní třída 1; tgl. 8.00–24.00 Uhr).

Imperial 12: Für Insider das schönste Café Prags. Ägyptische Secession, Kachelwände mit Löwen, Sphinxe und pythischen Grazien. Junges Publikum, abends Live-Bands. John Le Carré meinte bei seiner Pragvisite: ›Hier könnte ich an einem Fensterplatz wunderbar schreiben: Einen Roman über Kairo …‹ (Na poříčí 15; tgl. 7.30–1.00 Uhr).

Kavárna Archa 12: Auf zwei Etagen mit glänzendem Chrom überall (Na poříčí 26; Mo.–Fr. 9.00–22.30, Sa. 10.00–22.00, So. 13.00–20.00 Uhr).

Duplex – Café Restaurant Club 14: Auf dem Dach vom Krone-Kaufland am Wenzelsplatz – als würde man mit einem Luftschiff über den Dächern schweben (Václavské nám. 21; tgl. 11.00–24.00, Club bis 3.00 Uhr).

Louvre 15: In den 1920er-Jahren das fashionabelste Café Prags – man spürt es noch am Deckenstuck. Bei den Pragern blieb es unverändert beliebt, auch wegen seines reichhaltigen Buffets (Národní 20; tgl. 8.00–23.00 Uhr).

Káva, Káva, Káva 15: Ruhige Ecke mit Sandwiches und Kuchen. Der mehrfache Sieger in der Kategorie ›best gebrühte Kaffeebohne‹ (Národní 37, im Platýz-Innenhof; Mo.–Fr. 7.00–21.00, Sa. und So. 9.00–21.00 Uhr).

Café Rudolfinum 6: In einer Halle neben dem pompösen Seitenaufgang in die heiligen Räume der Nationalgalerie (Alšovo nábřeží 12; tgl. 10.00–18.00, bei Konzerten bis 21.00, So. ab 11.00 Uhr).

Ethno 17: Kuschel-Café mit Salaten, Säften, und die Göttin Shiva schaut einem über die Schulter (Husova 10; tgl. 9.00–22.00 Uhr).

Café Pub Konvinkt 17: Im ehemaligen Jesuitenkloster, wo einst Ludwig van Beethoven sein erstes Konzert in Prag gab. Mehrere Räume, thematisch nach Bier oder Kaffee gestylt. Junges Publikum, Studenten, Künstlerbohème und Traveller beim Talk (Bartolomějská 11, etwas südlich der Husova; Mo.–Fr. 9.00 bis 1.00, Sa. und So. 12.00–1.00 Uhr).

Montmartre 17: Wieder hergestellte Tradition, hier traf sich die Bohème der Altstadt, was man unter dem Gewölbe noch spürt – alte Geister im neuen Kleid (Řetězová 7, Nebenstraße der Husova; tgl. 8.00–23.00 Uhr).

Hinter einer prächtigen Fassade der Kleinseite: ›U černého vola‹

Square 2: Im Schatten des St.-Niklas-Doms liegt die ehem. ›Malostranská kavárna‹, ›garniert‹ von Palästen des Kleinseitner Rings und mit viel Atmosphäre und Trubel (Malostranské nám. 1; tgl. 9.00–23.00 Uhr).

Savoy 19: Goldstuck an der Decke, Sushi und Cappuccino (Vítězná/Ecke Zborovská, am linken Moldauufer; tgl. 10.00–23.00 Uhr).

Bierburgen

Wo könnte man besser eine Bier-Rallye starten als in Prag auf der Strecke von der Altstadt bis hinauf zur Burg: eine Kneipe neben der anderen, einige mit 100-jähriger Tradition, andere sogar noch älter, unter mittelalterlichem Gewölbe und mit rustikalen Spezialitäten wie ›Ertrunkenen‹ (›utopenci‹). Das sind in einem Sud aus Essig, Öl und Zwiebeln eingelegte Speckwürste – eine

›U Fleků‹, das Hofbräuhaus Prags

SPECIAL

Symbol Schwejk

Geschaffen wurde der ›brave Soldat‹ bald nach Ende des Ersten Weltkriegs vom Schriftsteller Jaroslav Hašek (1883 bis 1923), der selbst Probleme mit Obrigkeit, Polizei und Bürokratie der Masaryk-Republik hatte und dem Zwang ›zu funktionieren‹. Die einstige Kultfigur der Nation führte mit seinem Verhalten das System der Macht ad absurdum. Der Autor umging mit meisterhaften Formulierungen sogar die K.-u.-k.-Zensur. Später gehörten Schwejk-Zitate zum passiven Widerstand auch gegen den Kommunismus. Zur Korrektur für die Deutschen, die häufig Schwejk als ›lustigen Trottel‹ missverstehen – und dies in dem Berliner Musical ›Schwejk-it-easy‹ auch zum Ausdruck brachten: Es ist bitterböser Zynismus, was zwischen den Zeilen steckt, genährt vom Willen, sich niemals unterkriegen zu lassen. Seit der Wende allerdings ging diese Funktion verloren. Nicht mal als Nostalgie hat Schwejk (Švejk) heute Bestand. Die MTV-Generation nimmt von ihm keine Notiz mehr, er gehört unwiderruflich in die Rumpelkammer der Geschichte.

gute Grundlage für das ›flüssige Brot‹. Und damit man alles gut verdaut, schluckt man zwischendurch eine ›Becherovka‹, die 13. Heilquelle Karlsbads: einen Kräuterlikör mit dem Geschmack von Hustensaft. Die meisten der Bierburgen bieten aber weit mehr als nur kleine Zwischenmahlzeiten; wer böhmische Küche sucht, ist hier meist richtig.

Zu den Traditionslokalen gehören:

U Fleků 21**:** Prags, nach dem Namen der Gründerfamilie benanntes Hofbräuhaus mit renoviertem Ritterhof, riesigen Balkensälen und einem großen Biergarten. Der vor Ort gebraute 13°-Dunkelbock als bitter-süße Malzspezialität wird nur hier ausgeschenkt. Die Schaumkrone ist so fest, dass ein Hellerstück obenauf hängen bleibt. Nach dem zweiten Halben werden schon die Beine schwer (Křemencova 11; tgl. 9.00–23.00 Uhr).

První novoměstský restaurační pivovar 14: Die Erste Neustädter Bierbrauerei ist ein Mega-Betrieb mit hauseigener Brauerei und einem Labyrinth an Räumen, tief unterirdisch bis zu einem Brunnen aus dem 14. Jh. führend. Da fing einst alles an! Biersorte: Novoměstský pivovar (Vodičkova 20, eine Nebenstraße des Wenzelsplatzes; tgl. 11.30 bis 15.00 und 17.00–2.00 Uhr).

Im ›Goldenen Tiger‹

›Zu den Zwei Katzen‹ gehört zu den Pflichtbesuchen in Prag

U zlatého tigra 17: Der ›Goldene Tiger‹ ist schmal wie eine mittelalterliche Schreibstube mit Butzenscheiben. Präsident Havel führte seinen Amtskollegen Bill Clinton hierher – auf nicht nur ein Pilsener Urquell (Husova 17; tgl. 15.00–23.00 Uhr).

U vejvodů 17: ›Zu den Fürsten‹ gelangt man in ritterliche Hallen unter einem gewaltigen Gewölbe. Einer der Säle ist für Nichtraucher reserviert – in Prag eine absolute Seltenheit. Biersorte: Staropramen (Jílská 4, eine Parallelstraße der Husova, tgl. 9.00–22.00 Uhr).

U dvou koček 16: Das ›Zu den Zwei Katzen‹ nicht zu kennen, gilt in Prag als eine Bildungslücke. Mehrere Stuben mit etwas Mozart-Atmosphäre. Biersorte: Pilsener Urquell (Uhelný trh 10).

U Pinkasů 15: Hier begann vor 150 Jahren der Siegeszug des Pilsner Urquells in Prag. Eine Institution mit zwei Klassen: im Erdgeschoss die Schwemme, im ersten Stock gedeckte Tische (Jungmannovo nám. 15).

U černého vola: ›Zum Schwarzen Ochsen‹ ist unter dem Gewölbe ritterlich mit den Wappen des böhmischen Adels dekoriert. Die letzte waschechte Bierbastion Prags. Damit sie niemals von einem globalen Bierkonzern erobert wird, haben die Stammgäste diese Kneipe gekauft. Der Reinerlös geht zugunsten eines Blindenheims – man bechert also für einen guten Zweck. Biersorte: Velkopopovický kozel (Hradschin, Loretánské nám. 1, außerhalb des Kartenausschnitts in der Nähe des Loreto, s. Karte S. 62).

U kalicha 22: Der ›Kelch‹ war das Stammlokal von Schwejk, besser gesagt seines Erfinders, des Schriftstellers Jaroslav Hašek. Das reinste Schwejk-Museum, mit Graffitis des Buch-Illustratoren Josef Lada und Schwejk-Zitaten an den Wänden. Hausmannskost und vielleicht der beste Nationalsauerbraten (›svíčková‹) in der Stadt. Biersorte: Pilsener Urquell (Na bojišti 14; tgl. 11.00–15.00 und 17.00–23.00 Uhr).

U kocoura: Mit schweren Eichentischen unterm Gewölbe zeigt der ›Kater‹ echten Kleinseitner Charme. Biersorte: Pilsener Urquell (Nerudova 2, außerhalb des Kartenausschnitts westl. vom Kleinseitner Ring, s. Karte S. 62).

U zpěváčků 20: Opernsänger, Sinfoniker, Maskenbildner (da hinter dem Nationaltheater), Klempner, Kanalarbeiter, Poeten, Schornsteinfeger, Straßenkehrer – und der Ex-Friseur von Nancy Reagan (damit sind amerikanische Touristen gemeint, die es hierher verschlägt). Die ›Sängerlein‹ sind pragerisch verschwitzt. Biersorte: Staropramen (Na struze 7; tgl. 17.00–14.00 Uhr).

U vystřelenýho oka: Natürlich ist der einäugige Hussiten-Feldherr Jan Žižka gemeint, in der Straße seiner ›Krieger Gottes‹. Etwa 200 Kampftrinker sorgen allabendlich für überschäumende Stimmung im ›Ausgeschossenen Auge‹. Deftiges steht auf der Speisekarte: Hackfleisch (›prejt‹), Presssack (›tlašenka‹) mit Zwiebeln, und wenn Hähnchenbrust, dann mit einer himmlischen Beilage – auf Tschechisch ›obloha‹ (Žižkov, U božích bojovníků 3, außerhalb des Kartenausschnitts westl. des Hauptbahnhofs; Mo.–Sa. 15.30 bis 1.00 Uhr).

TIPP

Die Qual der Wahl

Bequem lässt sich online wählen und reservieren über www.squaremeal.cz, mit Stadtplan und Übersicht der neuesten Adressen, Speisekarten, Spezialitäten. Die Kartei umfasst knapp 1000 Lokalitäten – von Cafés, Bars, Restaurants bis zu Weinstuben. Jeweils mit Preisen.

RESTAURANTS (EINE AUSWAHL)

Preise:

€€€€	Hauptgericht	über 25 €
€€€	Hauptgericht	15–25 €
€€	Hauptgericht	10–15 €
€	Hauptgericht	bis 10 €

Infos

Am Kleinseitner Ende der Karlsbrücke ist das Hotel ›Zu den Drei Straußen‹ zu finden

Mittagessen wird in der Regel bis 15.00 Uhr serviert, Abendessen zwischen 18.00 und 22.30 Uhr. Mitternacht, häufig schon früher, ist endgültig Schluss. Aber sonst hat sich viel geändert. Die Zeiten der übersichtlichen Speisekarten, niedrigen Preise, aber auch mancher Zauberer in den Küchen, die mit einfachsten Mitteln häufig Eindrucksvolles schafften, sind unwiederbringlich vorbei. Die Prager Erlebnisgastronomie hat aufgeholt, und nun gibt es auch hier Gourmet-Küche, Euro-Preise, Promis, Snobs – aber die Perspektiven blieben wunderbar! Dazu gehören heute:

€€€€ **Pálffy Palác** 1: Im zweiten Stock des Prager Konservatoriums, gedeckt, als würde man Mozart erwarten: alte Lüster, weiße Gladiolen am Vorspeisen-Buffet, tschechische Kreativ-Küche. Reif für Gourmet-Sterne (Valdštejnská 14, Tel. 513 2418; tgl. 11.00 bis 23.00 Uhr).

€€€€ **Park Kampa** 4: Die Moldauinsel ist der beste Platz am Fluss: Die Steinheiligen von der Karlsbrücke gucken auf den Teller, Promis über die Schulter. Alle Bonds waren schon da: Sean Connery, Roger Moore, Pierce Brosnan. Nicht mehr zu überbieten (Na Kampě 83, nördl. der Karlsbrücke, Tel. 5731 3493; tgl. 11.30–1.00 Uhr).

€€€ **Ostroff** 19: Eine Wortkreation aus Insel (›ostrov‹) in der Schreibweise der Davidoff-Zigarren. Nobel wie diese Marke ist auch der Stil auf der ›Schützeninsel‹: Die längste Cocktailbartheke Prags, Terrasse unter Segeltuch, Italo-Gourmet-Küche (Střelecký ostrov, Zugang von der Legien-Brücke; tgl. 17.00–19.00 Uhr happy hour, danach bis 3.00 Uhr).

€€€ **Parnas** 18: Hinter den riesigen Fenstern liegen die Moldau samt Karlsbrücke und der Hradschin, davor Mahagoni und Chrom-Ambiente. Abends Live-Musik bei Kerzenschein zu Gänseleber mit Calvados als Vorspeise. Erstklassig der Fleischspieß nach Art des Hauses (Smetanovo nábřeží 2, Tel. 24211901; tgl. 18.00–24.00, Brunch am Sonntag ab 11.00 Uhr).

€€€ **Pravda** 6: Restaurant-Club in der jüdischen Stadt. Hinter einem Jugendstilportal schwarz-rotes Dekor und Studioscheinwerfer über der Edel-Bar. Terrasse mit Blick auf die Altneusynagoge (Pařížská 17, nicht weit vom Rudolfinum, Tel. 2326203; tgl. 11.00 bis 1.00 Uhr).

€€€ **La Provence** 10: Mittelmeer statt Mittelalter mit Lammkarree, Lobster, Bouillabaisse und vin rouge im Keller. Vorher stärkt man sich an der Bar bei Tapas und Sherry (Štupartská 9, Tel. 232 4801; tgl. 11.00 bis 1.00 Uhr).

€€€ **River Club** 6: Ehemaliges Schwimmbad mit coolem Yacht-Design. Erlesene Vinothek, großzügiges Ufer-Panorama (U plovárny 8, in Rudolfinum-Nähe, Tel. 57312578; tgl. 12.00 bis 24.00, So. Brunch 12.00–16.00 Uhr).

€€€ **U modré kachničky** 3: Das ›Blaue Entlein‹ bietet das Beste von der Ente – blau mit Kraut, braun mit Cayennepfeffer, rot à la Orange oder golden mit Pfirsich. Wer Geflügel weniger schätzt, kann ein Schnitzel vom Mufflon probieren (Nebovídská 6, eine Parallelstraße der Karmelitská, Tel. 5732 0308; tgl. 12.00–16.00 und 18.30–23.30 Uhr).

€€ **Le Café Colonial** 6: Man fühlt sich hier ›wie im Orient-Express‹ und genießt Avocadosuppe, Steak-Variationen, Eiskrem mit gebackenen Feigen im honigsüßen Mandelmantel nach persischem Rezept (Široká 6, dem Rudolfinum benachbart, Tel. 24818322; tgl. 11.30–23.30, Frühstück 9.00–11.30 Uhr).

€€ **Chez Marcel** 8: Der Franzose in Prag. Sogar die Bedienung des Cafés und Bistros spricht kein Tschechisch (Haštalské nám. 12; tgl. 10.00–24.00 Uhr).

€€ **U zlaté konvice**: Ein Besuch in der ›Goldenen Kanne‹ gleicht einem Abtauchen ins Mittelalter, Katakomben mit riesigen Weinfässern, Grillspezialitäten und abends auch Musik (Melantrichova 20, südl. des Altstädter Rings, Tel. 24225293; tgl. 11.00 bis 23.00 Uhr).

€€ **U vladaře** 3: Der ›Herrscher‹ im Malerwinkel des Malteserplatzes ist für beste Marillenknödel mit Mohn-Zimt-Quarkstreusel bekannt (Maltézské nám. 10, östl der Karmelitská, Tel. 5753 4121; tgl. 12.00 bis 1.00 Uhr).

€€ **Nebozízek** 19: Der ›Kleine Bohrer‹ im Park unterhalb des Petřin hat einen fabelhaften Panoramablick. Zwei Appartements sind historisch möbliert (Petřínské sady 411, westl. oberhalb der Legienbrücke, Tel. 53 7905; tgl. 11.00–18.00 und 19.00–23.00 Uhr).

€ **U mecenáše** 2: Unter dem gotischen Gewölbe des ›Mäzens‹ am Kleinseitner Ring saß schon zu Beginn des 17. Jh. Prags Henker zu Tisch (Malostranské nám. 13; tgl. 9.00 bis 23.00 Uhr).

Moderne Zeiten – auch in Prag

Hotels (eine Auswahl)

Preise:

€€€€	Doppelzimmer	über 250 €
€€€	Doppelzimmer	150–250 €
€€	Doppelzimmer	100–150 €
€	Doppelzimmer	bis 100 €

€€€€ **Four Seasons** 5: Die erste Adresse am Platz präsentiert 400 Jahre Architektur von Barock, Klassizismus, Neorenaissance bis Postmoderne unter einem sternförmigen Dach. Direkt am rechten Moldauufer mit Blick zur Karlsbrücke und Burg (Veleslavínova 2a, Tel. 21427000, Fax 21426000, www.fourseasons.com; 162 Zimmer).

€€€€ **Esplanade** 13: Eines der vornehmsten Hotels der Ersten Republik, was man beim Betreten sogleich spürt. Neu renoviert mit Mobiliar von Louis XIV. bis Maria Theresia (Washingtonova 19, Tel. 24213696, Fax 24229606; 98 Zimmer).

€€€ **Čertovka** 4: Romantische Lage direkt am Teufelsbach, der die Kampa-Insel zur Moldauinsel macht. Das Barock-Haus wurde komplett renoviert und mit antiken Möbeln eingerichtet (U lužického semináře 2, Tel. 57532235, Fax 57534392; 21 Zimmer).

€€€ **Liberty** 14: Das prachtvolle Jugendstilhaus direkt am ›Goldenen Kreuz‹ (Wenzelsplatz) wurde renoviert und individuell und hochwertig möbliert (28. října 11, Tel. 24239598, Fax 24237694; 32 Zimmer).

€€€ **Paříž** 11: Prags Jugendstil-Neuschwanstein steht in der Nachbarschaft des Repräsentationshauses, kostspielig, aber eben selbst schon eine Sehenswürdigkeit (U obecního domu 1, Tel. 24222151, Fax 24225475; 95 Zimmer).

€€€ **U tří pštrosů** 4: Unmittelbar an der Karlsbrücke stehen auf der Kleinseite die ›Drei Strauße‹. Sie gehören zu den ältesten Herbergen der Stadt; bereits 1597 ließ ein Schmuckfederlieferant das Gasthaus errichten (Dražickeho nám. 12, Tel. 24510779, Fax 24510783; 18 Zimmer).

Modern oder altmodisch? Am ›Goldenen Kreuz‹

Mit Hradschin-Blick: ›Four Seasons‹

€€€ **U zlaté studně** 1: Der ›Goldene Brunnen‹ bietet Luxus unter Balkendecken aus dem 16. Jh., in romantischer Lage mit fabelhaftem Ausblick auf die Kleinseitner Gärten (U zlaté studně 4, oberhalb der Valdštejnská, Tel. 57011213, Fax 57533320, www.-zlatastudna.cz; 20 Zimmer).

€€ **Admiral** 23: Wohnen auf einem Botel (Hotelschiff) bedeutet Wohnen auf dem Wasser – mit Restaurant, Bar, Sonnendeck, Blick auf ›Emauzy‹-Kloster und Vyšehrad (Hořejší nábřeží, Tel. 57321302 Fax 57319516, www.admiral-botel.cz; 90 Kabinen).

€€ **Dům u velké boty**: Das ›Haus zum Großen Schuh‹ liegt im Botschafter-Viertel in der Vlašská, einer der ältesten Straßen der Kleinseite, und ist nur einen Katzensprung vom Hradschin und den Kirschgärten des Petřín entfernt (Vlašská 30, eine Parallelstraße der Nerudova außerhalb des Kartenausschnitts, s. Karte S. 62, Tel./Fax 57533234; 8 Zimmer).

€€ **Pyramida**: Der pyramidenförmige Plattenbau wurde renoviert, komfortabel mit Schwimmbad. Hradschin und Kloster Strahov zu Fuß erreichbar (Bělohorská 24, westl. des Strahov-Klosters außerhalb des Kartenausschnitts. Karte S. 62, Tel. 3113296, Fax 3113291).

€€ **U raka**: Der ›Krebs‹ ist ein kleiner Bauernhof von 1739, von dem bekannten Lifestyle-Fotografen Alexander Paul restauriert mit Kaminstube und Wintergarten. Einmalig die idyllische Lage unterhalb des Marienwalls, in einer verträumten Ecke der ›Neuen Welt‹ versteckt (Hradčany černínská 10, in Loreta-Nähe außerhalb des Kartenausschnitts, s. Karte S. 62, Tel. 20514792, Fax 20510511, www.romantikhotels.com; 6 Zimmer).

€ **Grand Hotel Evropa** 14: Feinstes Art-déco mit einer der schönsten Jugendstil-Fassaden am Wenzelsplatz. Im Innern lastet schwer Patina der letzten 100 Jahre – ein Nirwana für Nostalgiker, das mindestens ein halbes Jahr im Voraus reserviert werden muss (Václavské nám. 25, Tel. 24228215, Fax 24224544; 91 Zimmer in verschiedenen Kategorien, 47 DZ mit Bad, 41 DZ nur mit Etagendusche).

€ **Central** 11: Wie der Name sagt – ein günstig gelegenes Hotel im Zentrum in der Nähe des Repräsentationshauses und des Hotels Paříž (Rybná 8, Tel. 24812041, Fax 23288404; 66 Zimmer).

€ **Imperial** 12: Nicht renoviert, aber aufgeräumt und auf etwas gehobenerem Hostelniveau. Unten das famose ›Café Imperial‹ (Na poříčí 15, Tel. 22316012, Fax 22316012; 60 Zimmer).

€ **Hotel & Aparthaus Amadeus**: Neubau im Arbeiter-Viertel Žižkov – der Hussiten-Führer auf dem Vítkov-Berg ist in der Luftlinie zum Greifen nah (Prag 3, Dalimilova 12, östl. des Hauptbahnhofs außerhalb des Kartenausschnitts, Tel. 24816346, Fax 22325420; 60 Zimmer).

EINKAUFEN

Die Perspektiven für Shopping können nicht besser sein: Pariser Ambiente, Mailänder Chic und Preise – manchmal wie in Tokio.

Zentrum: In der **Passage Platýz** 15 (›Flunder‹, Národní 37) steht der ganze Innenhof voll mit Plastiken.

Die Luxusboutiquen und Designer-Marken haben sich am **›Zlatý kříž‹** 14 (›Goldenes Kreuz‹) niedergelassen: Wenzelsplatz/Ecke Na příkopě. Dort liegt auch der Luxuswaren-Tempel **›Pasáž Myslbek‹** und gegenüber die **›Pasáž černá růže‹** (›Schwarze Rose‹) mit Schuhen, Dessous und Trend-Cafés.

Für praktische Dinge (z. B. günstige Lederhandschuhe) empfiehlt sich das Kaufhaus **›Kotva‹** 11 (Nám. republiky 8, Mo.–Fr. 8.00–21.00, Sa. bis 20.00, So 11.00–18.00 Uhr).

Altstadt: Shopping mit mittelalterlichem Flair, vor florentinisch verzierten Fassaden im Schatten der mächtigen Teynkirche: im restaurierten Hoftrakt **Týnský dvůr** 9 (Teynhof). Lifestyle, dekorative Art, schmiedeeiserne Lampen, Tische, Schaukelstühle, Tapeten mit Mega-Blumen fallen bei ›Design Le Patio‹ auf (Ungelt 640). Von 1001 Duft wird man unter die Gewölbe von ›Botanicus‹ (Týn 3, tgl. 10.00–19.00 Uhr) gelockt – eine verführerische Palette von Naturprodukten für Schönheit und Pflege: Seifen mit Banane, Rosenöl, Honigbad, Aprikosen-Lotion und

Infos

›Im Agharta‹ sind die Nächte lang und unterhaltsam

Aromakerzen für die Seele. Am ›Königsweg‹ liegt die Meile der **Antiquitäten** und **Antiquariate**, die sich besonders an der Karlova (in Klementinum- und Karlsbrücken-Nähe) konzentrieren.

Kleinseite: Fortsetzung vom Königsweg und Abzweigungen in alle Gassen hinter der Karlsbrücke, die hinauf zur Burg Hradschin führen. Mosteská und Nerudova (s. Karte S. 62) beidseitig des Kleinseitner Rings (2) mit Buchhandlungen, Läden mit alten Schriften, neuen Madonnen, Holzspielzeug, Zinnkrügen, Glasblumen und böhmischem Kristallglas ohne Ende.

Außerhalb des Zentrums: Die unter Denkmalschutz stehende alte Markthalle **›Pavilon‹** wurde zur Shopping-Galerie luxussaniert, mit 56 Boutiquen, Restaurants, Cafés und einem Gourmet-Keller – und die Prager rätseln, wovon die Ladenbesitzer die Miete bezahlen (Vinohradská 50, östl. außerhalb des Kartenausschnitts östl. des Wenzelsplatzes, Mo.–Sa. 9.30–21.00, So. 12.00 bis 18.00 Uhr).

Jazz in Live-Clubs

Der Mix ist stilbildend, so unverwechselbar nur in den Prager Clubs zu hören. Bei den Sessions gilt East meets West. Wenn junge Stars aus Polen, Bulgarien, Ukraine zur ›Kanne‹ greifen, geraten die ›alten Ochsen‹ (tschechische Redewendung) aus dem Häuschen.

U staré paní (16): Die ›Alte Dame‹ bittet zum klassischen Jazz- und Blues-Ständchen (Michalská 9, nördl. Uhelny trh, Tel. 264 920; tgl. ab 21.00 Uhr).

Jazz Club Železná: Während sich die jungen Kontrabass-Hasen warm zupfen, schwelgen die alten Sax-Füchse im Déjà-vu stilistisch bei Coltrane, Coleman und Davis (Železná 16, zwischen Altstädter Ring und Karolinum, Tel. 2423 9697; ab 21.00 Uhr).

Ungelt Jazz & Blues Club (9): Abtauchen in ein wildes Klangbad aus Folk, Funk, Fusion. Im Keller des Mittelalters mit Pub, Bier, Bar, Club und Soda (Týn 2, nahe dem Altstädter Ring hinter der Teynkirche, Tel. 2489 5748; geöffnet ab 19.00 Uhr).

Agharta (14): Führende Bühne – wer Rang und Namen hat, tritt hier auf. Gut sortierter CD-Shop, Bar und Cafeteria (Krakovská 5, eine Nebenstraße vom Wenzelsplatz, Tel. 2221 1275; tgl. 21.00–24.00 Uhr.

Lucerna Music Bar (14): Last Exit – früher oder später in der Nacht trifft sich hier alles aus der Szene. Mit Art-déco-Galerie und Glasdach präsentiert sich der Lucerna sál, dessen Anblick allein schon Musik ist, ein Konzertsaal für Musiker aller Couleur (Štěpánská 61, Ecke Wenzelsplatz, Tel. 2421 7108; 21.00 bis 3.00 Uhr).

Metropolitan (15): Musik zweier Generationen – Cool Jazz der alten Schule, Tradition mit Country-Fiddlers und Mainstream-Veteranen (Jungmannova 14, südl. Jungmannova nám., Tel. 2494 7777; ab 21.00 Uhr).

Reduta (15): Die Hochburg des Dixie und Revivals wurde von Bill Clinton geadelt (Národní 20, zwischen Nationaltheater und Jungmannova nám., Tel. 2491 2246).

Viola (19): Die 1968er-Generation verharrt vor diesem Jazz-Schuppen in Andacht – es gilt: Trau keinem unter 50. Alle Sessions beginnen hier mit dem Satz: ›Es war mal …‹ Musikprogramm nur noch Sa. (Národní 7, in Nationaltheater-Nähe, Tel. 2422 0844; Sa. ab 22.20 Uhr).

Malostranská beseda (2): Von Gitarren-Balladen bis Hau-Ruck-Pop, meistens ganz schön schräg, aber immer live (Malostranské nám. 21 auf der Kleinseite, Tel. 539 024; tgl. ab 20.30 Uhr).

U malého Glena (3): Prago-amerikanische Freundschaft beim ›Little Glenn‹, oft witzige Sessions mit Dixie und Bebop – der Wirt trommelt selbst. Dichte Atmosphäre wie in einer rockenden Streichholzschachtel (Karmelitská 23, Tel. 535 8115; geöffnet ab 18.00, Programm ab 21.00 Uhr).

Jazzova kavárna u panáku (7): Oft spielt der Zufall im ›Hampelmann‹ mit, und es gibt Überraschungsauftritte und Sessions, bei denen das Publikum einsteigt. Die originelle Jazzkneipe gilt als progressiv (Letná, Letohradská 44, Tel. 375 427; ab 21.00 Uhr).

Akropolis: Žižkov, ein Stadtteil westl. des Hauptbahnhofs und nach dem Hussiten-Feldherrn benannt, ist fast touristenfrei. Der Multi-Komplex Akropolis mit Nostalgie anno 1928, Kleinkunst- und Live-Bühne, Disco und Szene-Café kommt bei den Einheimischen gut an. Auftritte von unkonventionellen Bands und kultigen DJs ergeben einen authentischen Mix (Žižkov, Kubelíkova, außerhalb des Kartenausschnitts westl. des Hauptbahnhofs, Tel. 2271 2287, www.spinet.cz/akropolis; Mo.–Fr. 10.00–24.00, Sa. und So. 16.00–1.00 Uhr).

TIPP

Swinging Moldau

Eine besondere Note zeigen Jazz & Classic auf dem Moldau-Dampfer ›Kotva‹ (›Anker‹) Fr., Sa. und So. (7.30 bis 22.00 Uhr, Abfahrt an der Čechův-Brücke beim Hotel Inter-Continental, Info Tel. 0603551680, Tickets Tel. 57532814, www.jazzboat.cz).

Bühnen für schöne Künste

Es müssen nicht immer Stars sein. In Prag dreht sich der Kult vielmehr um die Orte, wo die Aufführungen stattfinden. Das Nationaltheater, das Rudolfinum, das Repräsentationshaus. Im Ständetheater hatte Mozarts ›Don Giovanni‹ die Premiere. Die Rokoko-Bühne ist seitdem eine Pilgerstätte. Und nicht zu vergessen die Marionetten. Auch für die gibt es ein Nationaltheater, natürlich augenzwinkernd gemeint. Denn Humor spielt in der Prager Szene eine wichtige Rolle – je schwärzer, umso besser.

Auf der Marionettenbühne geht es zu wie im wirklichen Leben – es gibt Gute und Böse.

▲ *Kämpferisch, die Göttin der Kunst hoch auf dem Nationaltheater*

▼ *Die Prager Staatsoper setzt auf Bewährtes*

▲ Das Ständetheater war das erste feste Theater an der Moldau – ein Rokokobau von 1783

▲ ›Ostroff‹: der ›Kapellchen‹-Blick

▼ Kleine Nachtmusik im Mozartmuseum Bertramka

Mit einer Triga, einem römischen Kampfwagen, fährt die Göttin der schönen Künste ein. Ihr bronzenes Dreiergespann ›parkt‹ auf dem Dach des Nationaltheaters. Aus einer Unterführung zwischen Lažanský-Palais und Akademie der Wissenschaften sieht man das ›Goldene Kapellchen‹ aus einer ungewöhnlichen Perspektive: Geradezu New-York-mäßig wirkt es aus einer Straßenschlucht heraus.

Von jeher strebt die Elite der tschechischen Musik in die Stadt am Hudson. Antonín Dvořák hatte es als Erster geschafft, komponierte in Amerika die Sinfonie ›Aus der Neuen Welt‹, ein Evergreen der First-Class-Musik. Die Geiger Ondříček, Kubelík und Suk, die legendäre Sopranistin Ema Destinnová, als Tschechische Callas hoch gelobt, folgten. Zuletzt eroberte die phänomenale Eva Gruberová als ›Königin der Nacht‹ die New Yorker Met.

Die Wiege für solche Karrieren liegt im Nationaltheater, erbaut aus den Spenden der Bürger und Stände. Keine andere Nation machte sich solch ein Geschenk. Fatalerweise brannte der Bau kurz vor dem Richtfest 1881 bis auf den Keller ab. Mit einer erneuten Geldsammlung gelang der Wiederaufbau. Das Interieur schmücken pathetische Motive. Den Eisernen Vorhang bemalte Mikoláš Aleš mit der Saga um die Praggründerin, die Fürstin Libuše. Und mit der Oper ›Libussa‹ von Bedřich Smetana feierte man 1883 die Eröffnung. Es war im Sinne der nationalen Wiedergeburt die Antwort auf Wagners ›Ring der Nibelungen‹ – soviel zur Geschichte des Hauses, bevor sich der Vorhang öffnet.

Heute tritt Prag im europäischen Kulturbetrieb als Preisbrecher an: schöne Stimmen für wenig Geld. Die Inszenierungen haben hohen Standard, wenngleich oft ambitionierte Regie fehlt. Dem breiten Publikumsgeschmack untergeordnet, gibt man sich konservativ brav. Mehr Mut offenbart sich beim Ballett. Klassik lässt sich von ›Cats‹ inspirieren. Mit Katzensprüngen auch für Romeo und Julia, leicht verfremdet und poppig aufgepeppt.

Mozart in Prag

Das Ständetheater war seine Triumphbühne. Am 29. Oktober 1787 wurde hier ›Don Giovanni‹ uraufgeführt und frenetisch

▲ Rudolfinum: Manchmal ist die Architektur interessanter ...

▲ Im Café des Rudolfinum

▼ ... als die Ausstellungen

▼ Die Treppen des Rudolfinums, beliebter Treff der Musikstudenten

▼ Ausstellungsraum Rudolfinum ▲ Musikinstrumente haben eben unterschiedliche Formate

gefeiert. In Wien war die Premiere der aufrührerischen Oper um die Bestrafung eines unmoralischen Lebemannes dagegen ein Reinfall. Der göttliche Amadeus wohnte in Prag auf der Sommerfrische Bertramka (heute sein Museum), auf einem Hügel inmitten adliger Villen. Dort entstanden in der romantischen Ruhe eines Gartenpavillons zahlreiche Arien, Serenaden, die – den Pragern gewidmete – Sinfonie C-Dur und auch die Overtüre zu ›Don Giovanni‹, in allerletzter Minute vor der Vorstellung geschrieben. Die Tinte auf dem Notenpapier war noch nass, als man die Partitur dem Orchester vorlegte. Die Musiker spielten prima vista – auf den ersten Blick und mit Bravour! Rund 100 Jahre später wurde das Ständetheater für einen weiteren Komponisten zur besten Visitenkarte. Der hiesige Dirigent Gustav Mahler, 1860 im böhmischen Kalitsch geboren, brachte es bis ans New Yorker Metropolitan Opera House – als Mozart-Spezialist.

Alle Menschen werden Brüder

Sagt man Musik, meint man ›Prager Frühling‹. Auch hier: Die Austragungsorte gleichen einem Olymp. Die festliche Eröffnung im Smetana-Saal, der Abschluss im Dvořák-Saal, traditionell mit Beethovens 9. Sinfonie mit Schillers Ode an die Freude. Vom Repräsentationshaus ins Rudolfinum zieht das festliche Publikum. Von einem Juwel der Secession in die Räume des ehemaligen Parlaments der bourgeoisen Ersten Republik, in pompösem Neoklassizismus erbaut. Beide Musentempel sind bis zum Dach mit patriotischer Ausstattung voll gepackt. Im Rudolfinum finden auch thematisch wechselnde Ausstellungen statt. Mit etwas Glück hat dann gerade das Museumscafé geöffnet, dessen Empire-Ambiente einem Säulenatrium der alten Griechen gleicht.

Den davor liegenden Jan-Palach-Platz – benannt nach dem Studenten, der sich aus Protest gegen den Sowjeteinmarsch verbrannte – flankieren die erhabenen Gebäude der philosophischen Fakultät und der Kunsthochschule. Die Studentenszene bringt Leben in die Seitenstraßen mit ihren Cafés, Bistros und Kneipen – im Dunstkreis der jüdischen Stadt. Das Viertel hat Pariser Flair und internationalen Auftrieb.

▲ *Immer etwas Besonderes: Laterna Magica*

▼ *Das Repräsentationshaus ...*

▼ *... besticht auch in der Detailausführung*

▲ Das Repräsentationshaus ist ein Zentrum des öffentlichen Lebens

▲ Jugendstilpracht im Konzertsaal …

▼ … und überall an der Fassade

Kunst und Käfer

Dass Prag weder Louvre noch Ermitage besitzt, hat seine Vorteile: Man konsumiert die Pflichtkunst häppchenweise. Fast an jeder Ecke gibt es ein Museum, eine Galerie oder Kunstwerkstatt. Und: Die Zeitgenossen liegen in Prag meist schon unter der Erde – in den Katakomben, Grüften und Kellern aus dem 13. Jahrhundert, einer Zeit, in der die Stadt noch eine Etage tiefer lag. Der heutige Level ist später aufgeschüttet worden.

In den unterirdischen Verließen fanden sich die Galeriequartiere für die Avantgarde. Oft gruselig, von Geistern des rudolfinischen Prags inspiriert, als wären sie aus den Schreckensvisionen der Ausgrabungen geboren, in mortualen Gips gegossen, aus rostigem Stahl geformt und mit Blut angestrichen. Jene Krabbelmonster, Riesenkäfer, Skelette. Die Vorliebe fürs Morbide ist das Markenzeichen der jungen Künstler. Die grinsenden Teufel und die erdolchten Nonnen, der unter der Kutte nackte Mönch – ein allgegenwärtiger Schabernack. Der Abstieg über die winkeligen Treppen verspricht jedesmal ein Abenteuer, das nur selten enttäuscht. Das Reich der bizarren Phantasien öffnet sich wie eine fünfte Dimension. Als Gebrauchsanweisung für die neue Kunst wird ein dichterischer Beipackzettel geliefert. Nicht nur von Kafka. Der Weltschmerz und die Resignation gelten als die besondere Prager Note. Der so zelebrierte Pessimismus ist allerdings eine Provokation. Dahinter steckt das nimmermüde Bestreben, Kleinbürger und Spießer zu schockieren und Mächtige der Lächerlichkeit preiszugeben.

Doch mit dem Aufstieg ans Tageslicht hat man wieder den Anschluss an die ultimative Globalkultur erreicht. Die Kunst als Werbung und die Werbung als Kunst hält Einzug in die einstigen Bastionen der Prager Freigeister, die einst versuchten, sich über alle Konventionen hinwegzusetzen. Nicht mal der seinerzeit revolutionäre, minimalistische Schachtelbau aus den 1930er-Jahren der Kunstgalerie Mánes blieb verschont. Hierher lud unlängst zur Vernissage eine schwedische Wodka-Firma ein. Die echte Kunstszene war sichtlich geschockt: ›Absolut unmöglich!‹

Maßstab 1:15.000
0
200 m
LETNÁ
Letenské sady
VLTAVA
JOSEFOV
ST. MĚSTO
NOVÉ MĚSTO
VYŠEHRAD
VINOHRADY
Petřínské sady
Hradčanská
Malostranská
Staroměstská
Náměstí Republiky
Florenc
Vltavská
Můstek
Hlavní nádraží
Muzeum
Národní třída
Karlovo náměstí
I. P. Pavlova
Náměstí Míru
Anděl
Vyšehrad
Karlův most
Jiráskův most
most Legií
Mánesův most
Palackého most
Střelecký ostrov
Slovanský ostrov (Žofín)
Dětský ostrov
Ostrov Štvanice
Milady Horákové
Edvarda Beneše
Wilsonova
Legerova
Sokolská
Ječná
Žitná
Resslova
Vinohradská
Národní
Václavské náměstí
Staroměstské nám.
Malé nám.
Dvořákovo nábř.
nábř. Ludvika Svobody
Hlávkův most
Státní opera
Národní muzeum
Národní divadlo
Klementinum
Sv. Vojtěch
Karolinum
Obecní dům
Botanická zahrada
Kongresové centrum Praha
Sportovní hala
Riegrovy sady
Rajská zahrada
62
1
2
3
4
5
6
7
8
9
10
11
12
13
14
15
16
17
18
19
20
21

Infos

›Don Giovanni‹ auf der Bühne des Marionetten-Nationaltheaters

Allgemein

Ganzjährig gibt es Jazz, Kirchenkonzerte, Serenaden in Kleinstädter Gärten, Orgelabende und Oratorien zur Weihnachtszeit – in Prag liegt Musik in der Luft. Bekannt sind die Festivals:

Prager Frühling: Mit dem wohl ältesten Musikfestival Europas, aus der Zeit Karls IV. überliefert, fängt das sinfonische Jahr an. Reizvoll sind die Konzerte im Spanischen Saal auf der Burg. Eröffnung im Smetanasaal im Repräsentationshaus, traditionell das Finale mit Beethovens 9. Sinfonie (mit der Ode ›An die Freude‹).

Prager Herbst: Die Fortsetzung des ›Prager Frühlings‹ unter Federführung der Tschechischen Philharmoniker.

Mozart Open: Ganzjähriges Festival mit Werken von Amadeus bis Beatles (!), Arien, Opern, Medleys und bereits über 2500 Mal ›Don Giovanni‹, hier von Marionetten dargestellt. Seit 1991 ein Dauerbrenner (www.mozart.cz).

ⓘ Kartenvorverkauf für alle Kulturveranstaltungen bei TICKETPRO, Salvátorská 10, Tel. 296329999, Fax 296328888, Mo.–Fr. 9.00–17.00 Uhr, www.ticketpro.cz, sowie bei SLUNA, Panská 4, pasáž Černa růže, Tel. 221206 bzw. Václavske nám. 28, pasáž Alfa, Tel. 261602.

Oper und Konzerte

Nationaltheater 17 (Národní divadlo): Auf dem Spielplan stehen Carmen, Opern von Verdi, Puccini, Donizetti und aus Tradition, die verpflichtet, Smetanas ›Libuše‹. Außerdem Ballettaufführungen und Schauspiel (Národní třída 12, Programminfo Tel. 24901448, Kasse Tel. 24901487, www.narodni-divadlo.cz; Vorstellungsbeginn 19.00 Uhr).

Ständetheater 15 (Stavovské divadlo): Der Bau wurde 1783 als privates Theater des Adels eröffnet; später war es ›Deutsches Landestheater‹, das 1991 als Ständetheater wieder eröffnet wurde. Die Monate Juli und August sind ›Don Giovanni‹ vorbehalten. Auch Schauspiel (Ovocný trh 1, Tel. 24901487; Vorstellungsbeginn 19.00 Uhr).

Staatsoper 12 (Státní opera): Verdi, Tschaikovsky, Puccinis ›Madame Butterfly‹ und eine Hommage auf Josef Svoboda, den unvergesslichen Szenographen mit unerschöpflicher Bühnenphantasie (Wilsonova 4, Tel. 24229898, Vorstellungsbeginn 19.00 Uhr).

Stilgerechter Empfang in der Bertramka

Smetanasaal 10 (Smetanova siň, Repräsentationshaus): Sitz der Prager Sinfoniker in einem prachtvollen Jugendstilambiente (Nám. Republiky 5, Tel. 220021001; Konzerte ab 20.00 Uhr).

Rudolfinum 5 (Dvořákova siň): Sitz der Tschechischen Philharmonie. Nach dem Krieg im Orchestergraben gegen den einstigen Wunschchef Gerd Albrecht aus Hamburg wurde Wladimír Ashkenazy aus Moskau der neue Chef – unter der Bedingung, nicht Russisch, sondern Englisch zu sprechen (Alšovo nábřeží 12, Tel. 24893111; Konzerte ab 19.30 oder 20.00 Uhr).

Bertramka 20 (W. A. Mozart Muzeum): Mozarts einstige Pragunterkunft aus dem 17. Jh. ehrt den Komponisten mit Abendkonzerten und Gartenserenaden in historischen Kostümen, jeweils ab 17.00 und 19.00 Uhr (Smíchov, Mozartova 169, in Verlängerung der Kartouszká außerhalb des Kartenausschnitts, s. Karte S. 62, Tel. 543893).

SPECIAL

Moldau-Sinfonie

Auf Tschechisch heißt die Moldau Vltava. Und so was hat keine andere Nation: eine Hymne auf ihren geliebten Landesfluss. Der Komponist Bedřich Smetana (1824–1884) instrumentierte den Wasserlauf lautmalerisch. Es flötet an der Quelle, Posaunen ertönen, wenn die Moldau das Nationaltheater erreicht. Rauschender Trommelwirbel, Pauken und Trompeten verkünden die Ankunft bei der Karlsbrücke. Stolz spiegelt sich der Hradschin im Wasser, durch einen breiten Klangteppich der Streicher (Geigen, Bratschen, Kontrabässe) tondichterisch übermittelt. Mit diesem Sound, am besten per Walkman ins Ohr gepustet, gelingt es bestimmt, dem lärmenden Treiben auf der Karlsbrücke zu entfliehen. Einfach sinfonisch abtauchen.

Die Konzertbühne im Rudolfinum

Die Laterna Magica umgibt den Besucher mit einer phantasievollen Welt voller Illusionen

Palais Clam-Gallas 7 (Mariánské nám.): Kammermusik im Salon, ein Repertoire mit Bach, Boccherini (Meister der Romantik für Cello), Vivaldi (Husova 20; Termine vor Ort auf der Plakatierung, Vorstellungsbeginn 17.00 und 20.00 Uhr).

Nationaltheater der Marionetten (Národní divadlo loutek): ›Don Giovanni‹ als Marionette bricht alle Puppen-Herzen, in italienischer Sprache, aber trotzdem von ganz eigenem Reiz (Žatecká 1, nördl. des Mariánské nám., Tel. 24819322; Vorstellungsbeginn 20.00 Uhr).

TIPP

Wasserballett

Der Elektrikpionier František Křižík (unaussprechlich Krschirzschík) konstruierte zur Landesausstellung 1891 eine bemerkenswerte Fontäne. Im Bassin (24 x 45 m) sind 1248 Scheinwerfer versenkt. 50 Pumpen treiben das Wasser bis 20 m hoch. Neuzeitlich ist die Computersteuerung für das ›Wasserballett‹ zu den Klängen von Jean-Michel Jarre, Carl Orff (›Carmina Burana‹), Vangelis, Verdi und Rondo Veneciano, vom Lichtzauber illuminiert (Křižíkova fontana, Výstaviště/ Ausstellungsgelände, Tel. 20103280, Do.–So. 20.00–23.00 Uhr).

Villa Amerika 19 (Muzeum dvořáka): Konzerte im Barock-Park ab 17.00 Uhr (Ke Karlovu 20, Tel. 298214).

Palais Lichtenstein 2 (Akademie musizských umění): Nachwuchspodium für die Studenten der Musikakademie mit Gästen aus aller Welt (Malostranské nám. 13, Tel. 530943, 573200; Konzerte ab 19.30 Uhr, Eintritt besonders günstig, deshalb rechtzeitig Karten besorgen, da jeweils schnell ausverkauft).

Opera Mozart 4**:** Abwechselnd ›The Best of Mozart‹ mit einem Arien-Medley oder die Revue ›Yellow Submarine‹ von den Beatles als Trickanimation (Novotného lávka 1, Tel. 24819322; Vorstellungsbeginn 17.00 und 20.00 Uhr).

Besonderheiten

Repräsentationshaus 10 (Representačni dům; auch Gemeindehaus, Obecní dům): Der Name ist Programm – Künstlercafé, Gourmettempel, Bierkeller, Konzertsaal (s. Smetanasaal), Galerien, Büros und, mit halbrundem Balkon, der Salon des Bürgermeisters, in Prag Primator genannt. Um es den Wienern, den Erfindern der Secession, zu zeigen, was Prag darunter versteht, entstand ein Prachtbau (1906–1911), eine kühne Stahlkonstruktion mit viel Glas und Kunst wie bei den alten Ägyptern. Das gesamte Design, alle Plastiken und Bilder wurden zur Frage des nationalen Prestiges erhoben. Und so durften nur tschechische Künstler mitmachen. Der wohl berühmteste war seinerzeit Alfons Mucha; er kam für diesen Auftrag extra aus Paris zurück (Náměstí Republiky 5; tgl. 10.00 bis 18.00 Uhr).

Laterna Magica 17**:** Die Prager Theaterspezialität im Glasbau neben dem Nationaltheater mit Multi-Vision aus Rückprojektionen, Laser, Ballett, Pantomime, ein Media-Mix aus magischem Bühnenzauber und schwarzem Theater. Der Szenograph Josef Svoboda (1921–2002) erhielt 1958 für die Erfindung den Kultur-Grand-Prix der Expo in Brüssel. Seitdem haben seine Inszenierungen auf dem Prager Kulturzettel einen festen Stammplatz, mit Shakespeares ›Sommernachtstraum‹ bis Mozarts ›Zauberflöte‹ (Národní 4, Tel. 22222039, Beginn 17.00 und 20.00 Uhr).

Museen und Galerien

Das Zauberreich der Phantasie und sonstige abstrakte Welten. Die Sirenen geigen in Moldau-Grotten, der Teufel kommt als Casanova verkleidet. Der Sensenmann fordert zum Last Tango auf, und nur einer ist nicht mehr gefragt: der brave Soldat Schwejk. Ausgedient.

Rudolfinum Galerie 5**:** Die klassizistischen Prachträume entschädigen, sollten die Exponate der wechselnden und manchmal avantgardistischen von der Nationalgalerie organisierten Ausstellungen enttäuschen (Alšovo nábřeží 12; tgl. 10.00–18.00 Uhr).

Infos

UMPRUM (Umělecko průmyslové muzeum): Das Museum für Déco-Kunst zeigt in der Nachbarschaft des Rudolfinums Ausstattung und Design. Bemerkenswert ist der Kubismus, ein Stil der 1920er-Jahre, der, inspiriert von der Kristallstruktur der Diamanten, alle Linien im scharfen Winkel zusammenlaufen lässt. Interessante architektonische Beispiele (1911–1913) stehen unterhalb des Vyšehrad (17. listopadu 2; Di.–So. 10.30–18.00 Uhr).

Altstädter Rathaus 8: Der Ausstellungssaal Výstavní sal staroměstská radnice vermittelt Prager Mythen, Symbole, Zeitgeist – spannend (Staroměstské nám. 1, www.pragamystica.cz; Di.–So. 10.00–18.00 Uhr).

Dům Pánu z Kunštatu a Poděbrad: Nach dem Abstieg in die romanischen Keller (13. Jh.) des mittelalterlichen Stadthauses vom Hussitenkönig Georg von Podiebrad zeigen sich abstruse Objekte vor altem Gemäuer – verrückter geht es kaum. Winzige Weintheke mit billigem ›Frankovka‹, dem tschechischen Chianti (Řetězová 3, südl. des Klementinums; tgl. 11.00–19.00 Uhr).

Mánes 18: Zeitgenössische Kunst, über die man spricht. Feuchte Feste und Vernissage mit ›Absturzgefahr‹ (Masarykovo nábřeží 250, www.gmanes.cz; Di.–Sa. 10.00–18.00 Uhr).

U zlatého prstenu 9: Die Galerie in dem Renaissancehaus ›Zum Goldenen Ring‹ wurde neu renoviert und der tschechischen Kunst des 20. Jh. gewidmet. Bereits die Räume bilden ein aufregendes Labyrinth mit vertracktem Treppensystem und verqueren Blicken in Hinterhöfe – richtig kafkaesk für die nach Mythos, Traum, Utopie, Vision geordneten Themen. Ausgang durch die Abteilung ›Blicke in den krummen Spiegel hinter dem Spiegel‹ – so ein Motto kann nur den Pragern einfallen (Tynská 6; Di.–So. 10.00 bis 18.00 Uhr).

Grotta Magica 3 (Magická jeskyně): Das skurrile Reich von Reon, einem Prager Maler, der auszog, um das Keramikhandwerk in Italien zu lernen. Zurück kam er beseelt vom Geist des Arcimboldo und Hieronymus Bosch, malt seitdem Furien, Gespenster und Fabelwesen im Flirt mit Medusen – als selbst erfundene ›Legende Argondie‹ im tiefen unterirdischen Reich unweit der Karlsbrücke (Mostecká 18; tgl. 10.00–22.00 Uhr).

TIPP

Mit Präsidenten-Flair

Im Club Mánes treffen sich Künstler und Szene-Leute, Václav Havel feierte hier öfter seine Geburtstage – und auch den Abschied von Prag. Nach seiner Amtszeit als Präsident will er nunmehr als Rentner in Lissabon privatisieren. Man sitzt über einem Moldau-Kanal am Grand-Fenster auf Lederbänken wie in einem Zugwaggon. Die Wände werden als Ausstellungsflächen genutzt.

Dvořakmuseum 19 (Muzeum dvořáka): Das Barock-Palais des Grafen Michna wurde zu Ehren Dvořáks in Villa Amerika umbenannt. Dokumente aus der New Yorker Zeit (Ke Karlovu 20, Di.–So. 10.00–17.00 Uhr).

Dem Karolinum ist das Ständetheater benachbart

Spielzeugmuseum 1: auf dem Hradschin (9.30–17.30 Uhr; s. S. 66).

Armeemuseum 1 (Armadni muzeum): Im Palais Schwarzenberg vor dem Matthias-Tor des Hradschin wird das Kriegswesen von den Hussitenkriegen bis zum Ersten Weltkrieg dokumentiert – anhand von Waffen und Rüstungen aller Art (Mai–Okt. Di.–So. 9.30–18.00, sonst Mo.–Fr. 8.30–17.00 Uhr).

Nationalgalerie 1: Die Sammlungen sind auf mehrere Orte verteilt – **Sternberg-Palais, St.-Georgs-Kloster, Rudolfsgalerie** auf dem Hradschin (s. S. 66), **Agneskloster** in der Josephstadt (s. S. 47), **Palais Goltz-Kinsky** (Grafiksammlung) in der Altstadt (s. S. 30) und **Schloss Zbraslav** (s. S. 106).

Jüdisches Museum: Das Museum umfasst und verwaltet nahezu alle historischen Gebäude in der Stadt. Dazu gehören Klausensynagoge, Maiselsynagoge, Pinkassynagoge, Zeremonienhalle, Spanische Synagoge, Altneusynagoge und Alter Jüdischer Friedhof (s. S. 45).

SPECIAL

Der Jugendstilfürst

Alfons Mucha (1860–1939) war in Paris durch Plakate für Sarah Bernhardt zu Weltruhm gelangt, wurde in einem Atemzug mit Renoir, Toulouse-Lautrec, Monet, Degas genannt. Unter den Kommunisten als dekadent verpönt, lagerte man seine Werke in die Provinz aus. Heute prägt Mucha mit seiner phantasievollen Art-déco-Malerei das nostalgische Prag-Image. Ironie des Schicksals: Die Kunstexperten halten seine Werbeposter für wertvoller als das gigantische Werk ›Slavische Epopej‹, auf das der Meister so stolz war. Da wird Mucha zu einem epigonischen, historisch verspäteten Post-Rembrandt degradiert (Mucha Museum 14, Kaunický Palác, Panská 7, tgl. 10.00–18.00 Uhr).

Technisches Nationalmuseum 6 (Národní technické muzeum): Nachrichtentechnik, Fotografie, Zeitmessung, Bergbau und Verkehr sind die Themen. Bemerkenswert ist ein über 600 m langer Stollen, der als Modell in natürlicher Größe Kohlen- und Erzbergbau darstellt. Auch historisch interessant der österreichische Hofzug, mit dem der Thronfolger Franz Ferdinand auf seine letzte Reise ging (Letná, Kostelní 42, Richtung Ausstellungsgelände auf dem linken Moldauufer; Di.–So. 9.00–17.00 Uhr).

Nationalmuseum 13: Die ›vaterländische Sammlung‹ ist am Wenzelsplatz zu finden (s. S. 30).

Museum der Stadt Prag 11 (Muzeum hlavního města Prahy): Wie viele andere offizielle Bauten der Stadt entstand auch dieses Museum im Neorenaissancestil (1898). Was die Zeit an Änderungen bringt, zeigt eindrucksvoll das Stadtmodell, um 1830 entstanden. Die Entwicklung Prags ist das Thema, illustriert mit Hilfe von Trachten, Wohnkultur, Kunstgewerbe (Na poříčí 51; Di.–So. 9.00 bis 18.00 Uhr).

Náprstkovo Muzeum 16: Orientiert an Humboldtschen Ideen bereiste Vojta Náprstek Amerika, Asien, Australien und die Südsee. Sein Interesse an Menschen und Regionen spiegeln die mitgebrachten Fotos und Gegenstände (Betlémské nám. 1; 9.00–12.00 und 13.00–16.30 Uhr).

Smetanamuseum 4: An den in Tschechien wohl bekanntesten Komponisten (›Libuše‹) Bedřich Smetana (1824–1884) erinnert das kleine Museum an der Moldau (Novotného lávka 1; Mo. und Di.–So. 10.00–17.00 Uhr).

Wohin? Die Qual der Wahl

Der König hatte die Krone, der Adel das Geld. Mehr als 2000 Burgen, Festungen, Schlösser, Sommersitze und Ruinen liegen auf dem Land idyllisch verstreut. In einer Landschaft, die sich mit knapp 500 natürlichen Seen und über 20000 künstlichen Teichen für die Fischzucht rühmen kann. Die Flüsse winden sich durch romantische Täler. Nach der Wende ist die märchenhafte Kulisse aus dem Dornröschenschlaf erwacht. Die Prager sind begeisterte Naturfreunde. Wer kann, fährt am Wochenende ins Grüne und überlässt das historische Gemäuer der Hauptstadt den Touristen.

Karlštejn ist das Flaggschiff unter Böhmens Burgen, Musterexemplar einer Mittelalterfestung.

▲ *Vorbildlich restauriert: ...* ▶ *... Kloster Břevnov*

▲ *Schloss Troja, ...* ▼ *... orientiert am großen französischen Vorbild*

▲ Eine Oase für Schriftsteller: Schloss Dobris ▼ Ehemaliges Jagdschloss Průhonice

Burgen, Festungen, Monumente, Residenzen. Noch bevor man den Hradschin erreicht, säumen sie nach Art der Loireschlösser den Weg. Was dem Sonnenkönig gefiel, war auch dem böhmischen Adel recht. Als prunkvollstes Objekt, wie ein Olymp der Eitelkeit inszeniert, nimmt sich auf dieser Palette das Schloss Troja aus – Prags Klein-Versailles. Mit dieser Anlage wollte Graf Sternberg seine Macht, Willens- und Tatkraft dem König unter die Nase reiben. Das ehrgeizige Projekt blieb unvollendet. Herr Graf hatten sich doch mit seinen Plänen übernommen. Heutiger Hausherr ist eine Werbeagentur, die in fürstlicher Manier das Schloss vermarktet. Vor den prachtvollen Fresken finden Modenschauen statt, Partys und Dreharbeiten.

Wiege böhmischer Geschichte

Vom Vyšehrad aus schickte die hellseherisch begabte Fürstin Libuše ihren künftigen Gatten, Přemysl den Pflüger, als Stammgründer los, um die Grenzen einer neuen Siedlung namens Praha (›Schwelle‹) zu markieren. Mit der beflügelnden Prophezeiung über ›die Zukunft einer Stadt, deren Ruhm bis zu den Sternen reichen wird‹. Die grandiose Moldau-Perspektive lässt das Orakel nachvollziehen.

Was liegt näher, als hier einen Ehrenfriedhof zu suchen: Slavín. Die Grabmonumente entsprechen der Bedeutung und dem Rang der hier ruhenden Persönlichkeiten. Künstler, Literaten, Forscher, Wissenschaftler. Die Elite der Nation. Nur die Politiker sind auf diesem Ruhmesfeld nicht vertreten – eine weitsichtige Entscheidung. An Sonn- und Feiertagen überrascht zwischen den goldenen Kruzifixen und den Trauerengeln aus Marmor Gedränge. Der in seiner Bedeutung patriotisch gefeierte Vyšehrad ist nicht nur für nationalistisch gesinnte Prager ein Gegenpol zum Hradschin, sondern offensichtlich auch die bessere Alternative für einen Spaziergang. So waschecht tschechisch, wie nur eine Heimatinsel der Eingeborenen im Touristen-Meer einer Museumswelt sein kann.

Das Auge Gottes

Gott so nah, dem Mensch so fern – nach diesem Motto ragt Karlštejn von einem

▲ Mitte des 19. Jahrhunderts zu einer Trutzburg umgebaut: ... ▼ ... Schloss Orlík

▲ Karlštejn zeigt ein ausgefeiltes Verteidigungssystem ...

▲ ... hoch über dem kleinen Ort ▼ Mit sternförmigem Grundriss: das massige Schloss Stern

Kalksteinmassiv auf. Die Meditationsburg des spirituell veranlagten Karl IV., als eine uneinnehmbare Festung für den Krönungsschatz bestimmt. Den circa 40 Kilometer von Prag entfernten Ort fand Karl IV. persönlich, angeblich von göttlicher Eingebung geleitet. Nach dem astrologisch berechneten Prinzip entstand ein magisches ›goldenes Dreieck‹ zum himmlischen Schutz Prags zwischen den Außenburgen Karlštejn und Křivoklát. Im spitzen Winkel dieses Triangels steht die Kathedrale der hl. Barbara in Kuttenberg. Und als ›Auge Gottes‹ erstrahlt in der Mitte die St.-Veits-Kathedrale auf dem Hradschin.

SPECIAL

Landesvater Karl IV.

Universitätsgründer, Brücken-, Burg- und Kathedralenbauer, Städteplaner und eifriger Reliquiensammler. Den ›von Gott auserwählten Herrscher‹, wovon er selbst überzeugt war, durfte man nur in majestätischer Reiterpose malen. So wurde der deutsch-römische Kaiser Karl IV. (1316–1378) auf dem großflächigen Gemälde ›Das Gottesheer‹ auf der Burg Karlstein inmitten seiner Feldherren, Ritter und Kämpfer dargestellt – damit sein Kleinwuchs nicht auffiel. Meister Theodorich musste auch Karls krummen Rücken, Folge einer schweren Verletzung bei einem Ritterturnier in der Jugend, sorgsam wegretuschieren. Noch eine Eigenart seiner Majestät: Zu seiner Privatkapelle war sogar für die jeweilige Königin der Zutritt verboten.

Die mächtige gotische Burg Křivoklát, eine der ältesten Festungen des Landes, war wichtigster Stützpunkt, um die Wege gen West zu kontrollieren – zugleich der goldene Käfig für Karls IV. erste Frau Bianca von Valois. In Kuttenberg, für seine Silberminen berühmt, wurden im Mittelalter die böhmischen Groschen geprägt. Damals die stärkste Währung Europas und in der Verbreitung Vorläufer des Euro. Die Unesco stellte hier nicht nur die gotische Kathedrale und den historischen Stadtkern unter ihren Schutz, sondern auch eine seltsam makabre Marienkirche in der benachbarten Ortschaft Sedlec. Totenschädel, Knochen, Rippen, gesäubert und getrennt zu Haufen gestapelt, bilden die

▲ Kuttenbergs St.-Barabara-Kathedrale, ein gotisches Musterexemplar

▼ Provinzmarktplatz in Kuttenberg

▼ Makabrer Schmuck in Sedlec

▲ Eine Pause in Mělníks Weinbergen

▲ Křivoklát mit beeindruckender Massigkeit ▼ Mělník: In den Kellern lagert ein Weinschatz

Inneneinrichtung – ein Denkmal für die Pestopfer und die der Kriege. Der Sensenmann hat in Tschechien noch einen Kultort. Die Katakomben von Mělník. 15 000 Tote, skelettiert und wie Holzscheite aufgeschichtet. Wieder ans Tageslicht gelangt, kann man einen Schluck gut gebrauchen. Und man hat Glück: Mělník ist das Zentrum des Weinbaus. Hier wird der legendäre Tropfen der hl. Ludmilla gekeltert. In dieser Form schmeckt die Schutzpatronin des Landes besonders lieblich.

Die Fürsten sind zurück

Man muss sich etwas Zeit nehmen, um neben dem Pflichtpensum Metropole noch die Abstecher vor die Tore Prags zu schaffen. Mindestens einen Tag. Hat man den Zauber der ›böhmischen Dörfer‹ einmal entdeckt, wird aus einer kleinen Rundreise schnell eine Woche. Es war ein riesiger Kraftakt, nach 40 Jahren Sozialismus in so kurzer Zeit die Spuren der Zerstörung zu beseitigen. Gerade das Land wurde von dem Umgang der Kommunisten mit der ruhmreichen Vergangenheit schwer getroffen. Der Adel enteignet, soweit deutscher Herkunft auch vertrieben, die Bauern kollektivisiert, die Klöster zu Kasernen für die Volksarmee umfunktioniert. Da wurden Bibliotheken mit prachtvollem Stuck und wertvollen Deckenfreskos zu Getreidesilos zweckentfremdet, in den Kirchen Mähdrescher abgestellt.

Inzwischen haben die meisten historischen Sitze ihre Herrschaften wieder. Die Restitution des Adels und der Kirche durch die Havel-Regierung in den frühen 1990er-Jahren erfolgte mit einer Großzügigkeit, die mancherorts Neid erweckte. Über 240 Anträge auf adeligen Grund- und Hausbesitz wurden bearbeitet und positiv entschieden. Dass die Schwarzenbergs, Fürstenbergs, Waldstein-Wartenburgs, Kolowrats, Nostitzen zurück sind, wirkt sich in der Wiederbelebung in den meisten Fällen positiv aus. Trotzdem: Dass einige Blaublütler seinerzeit großzügig auf die Rückgabe ihrer Güter verzichteten, vernahm seinerzeit selbst Präsident Havel mit großer Erleichterung: die Fürsten von Luxemburg und Lichtenstein. Nach den Dekreten des Mittelalters würde ihnen halb Böhmen zustehen.

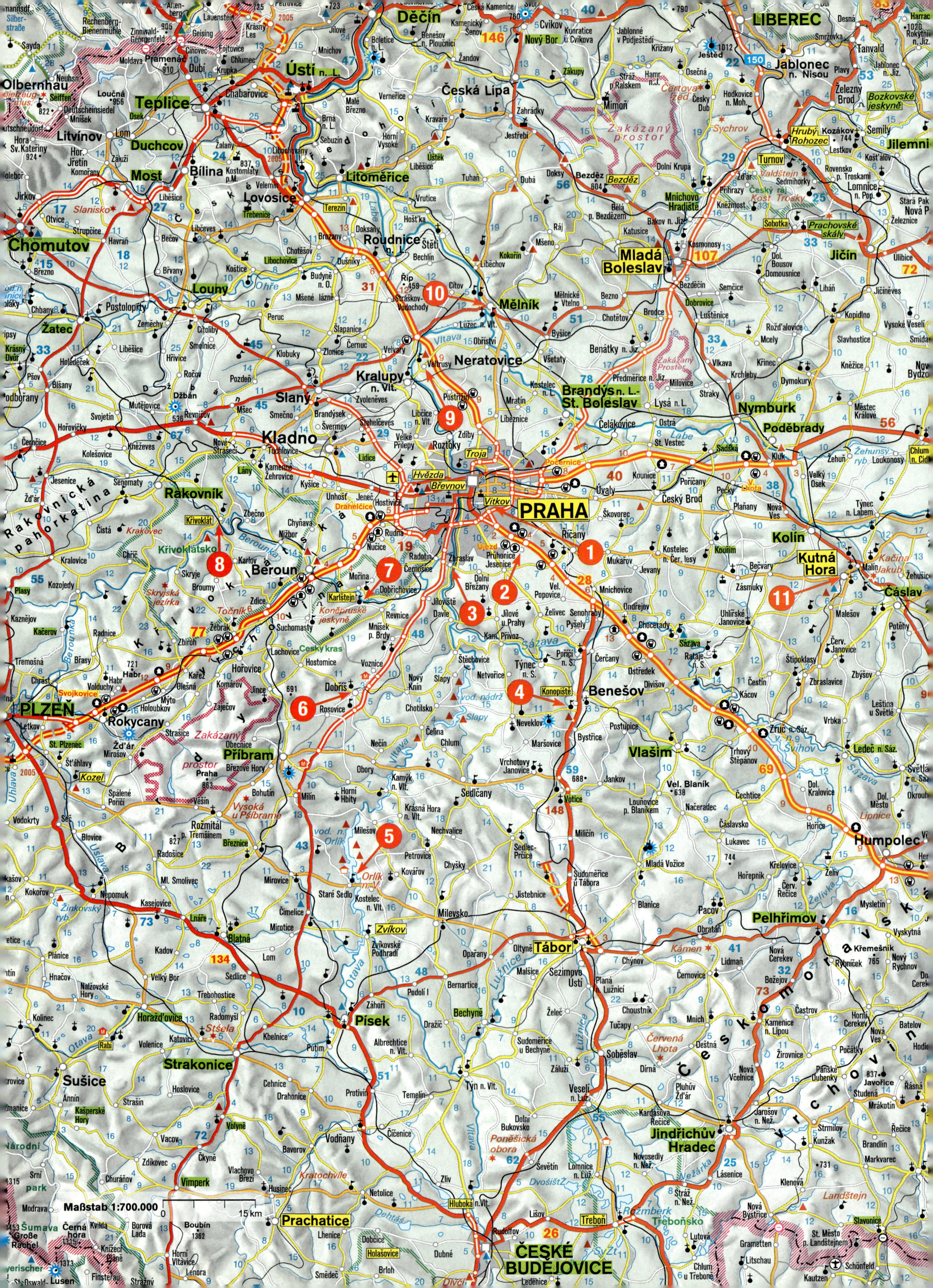

Děčín
LIBEREC
Ústí n. L.
Teplice
Jablonec n. Nisou
Česká Lípa
Litvínov
Duchcov
Most
Bílina
Litoměřice
Lovosice
Chomutov
Roudnice
Mladá Boleslav
Jičín
Louny
Mělník
Žatec
Neratovice
Kralupy n. Vlt.
Brandýs n. L.-St. Boleslav
Slaný
Nymburk
Poděbrady
Kladno
Rakovník
PRAHA
Beroun
Kolín
Kutná Hora
Čáslav
Benešov
PLZEŇ
Rokycany
Příbram
Vlašim
Humpolec
Pelhřimov
Tábor
Písek
Strakonice
Sušice
Jindřichův Hradec
Prachatice
ČESKÉ BUDĚJOVICE
Třeboň
Křivoklát
Karlštejn
Konopiště
Orlík n. V.
Zvíkov
Hluboká n. Vlt.
Maßstab 1:700.000
0
15 km
1
2
3
4
5
6
7
8
9
10
11

Peter-und-Pauls-Kirche auf dem Vyšehrad

Prag ①

Märchenhaft: In Tschechien gibt es knapp 2000 Burgen, Schlösser und Ruinen. Den Vorgeschmack auf so viel Romantik holt man sich auf den Hügeln entlang der Moldau und in den grünen Regionen Prags.

Vyšehrad: Der Hohenfels war zwischen dem 10. und 12. Jh. die Wiege Prags. Es blieben die romanische Martins-Rotunde (11. Jh.) und Reste der Befestigung aus dem 17. Jh. sowie die häufig umgebaute Kirche St. Peter und Paul (Kostel sv. Petra a Pavla; Urspr. 11. Jh., schöne Jugendstilausstattung). Die unterirdischen Gänge und Gewölbe sind tgl. geöffnet (9.30–16.30 Uhr). Im 19. Jh. wurde der Ehrenfriedhof ›Slavín‹ (tgl. 8.00–17.00 Uhr) für die Besten der Nation angelegt; die Grabmale sind wahre Kunstwerke (Metrolinie C: Vyšehrad, weiter der Beschilderung nach).

Troja: Schloss (Zámek Troja) und weitläufiger Park liegen in herrlicher Lage zwischen der Moldau und den Weinbergen. Der beeindruckendste Teil der bis 1685 im Auftrag eines Grafen Sternberg erbauten Anlage ist der Treppenaufgang mit Figuren des griechischen Olymps. Zur Besichtigung empfiehlt sich die Galerie tschechischer Malerei. In den Barock-Sälen mit opulentem Deckenfresko reger Party-Betrieb für geschlossene Gesellschaften (Di.–So. 10.00–18.00, Nov.–März Sa. und So. 10.00–17.00 Uhr; Metrolinie C: Nádraží Holešovice, Umsteigen in Bus 112: ZOO). Benachbart ist der 45 ha große Prager **Zoologische Garten** (Zoologická zahrada; Juni–Sept. tgl. 7.00–17.00 Uhr, sonst kürzer).

Vítkov: Auf dem Hügel steht die wohl größte Reiterstatue der Welt: 8,6 m lang, 9 m hoch. Obenauf der Hussiten-Führer Jan Žižka mit der schwarzen Piratenklappe auf dem linken Auge. Wem der steile Aufstieg von der Husitská-Straße zu beschwerlich vorkommt, soll wissen, dass er bis 1780 zum riesigen Galgen hochführte, wo die Todgeweihten vor dem Aufhängen nochmals ausgepeitscht wurden. Das Mausoleum entstand 1932; nach 1945 wurde es zum Denkmal der Arbeiterbewegung umgewidmet. Seitdem fremdelt der Prager an diesem Ort. Der Ausflug lohnt sich, um Prag und Hradschin aus einer anderen Perspektive zu sehen – allerdings nur vormittags, nachmittags blendet die Sonne (Metrolinie B,C: Florenc, Umsteigen in Bus 133).

TIPP

Weinstube St. Klara

Edel unter klösterlichem Gewölbe bei Kerzenschein dinieren, umgeben von antiken Möbeln, Statuen und Gemälden wie im Schloss Troja. Auf der Speisekarte überwiegen Wild und Fisch, reichhaltig ist die Weinkarte. Auch das Preisniveau ist Spitzenklasse, und eine Reservierung wird empfohlen (Tel. 6880405, tgl. 18.00–1.00 Uhr).

Sozrealismus: Jan Žižka auf dem Vítkov

SPECIAL

Blutige Zeiten

Mit einer Felsklippe am Vyšehrad, unmittelbar über der Moldau, genannt ›Libušes Bad‹, verbindet sich eine männermordende Sage: Dort ließ die Landesfürstin ihre ›gebrauchten‹ Liebhaber herunterwerfen. Bis auf einen: den Pflüger Přemysl, ihren späteren Gatten. Die Heirat erfolgte nach dem Volksbegehren für einen König. Aus dieser Verbindung ging die erste und einzige tschechische Herrscherdynastie hervor: die der Přemysliden (›Überdenker‹). Die um die Krone rivalisierenden Vršovicer (›Oberhügler‹) wurden besiegt und auf ihrem Heimatberg Petřín bis zum letzten Mann niedergemetzelt. Den hohenfelsischen Přemysliden sicherte der Sieg die Herrschaft (ab 921) für fast 400 Jahre. Der Fluch der ausgerotteten Vršovicer, deren zerstückelte Leichen unbeerdigt und barbarisch auf dem Petřín zerstreut wurden, blieb nicht ohne Folgen: Mit der Ermordung Wenzels III. erlosch 1306 das Geschlecht der Přemysliden, und Böhmen wurde fortan meist von Fremden regiert.

Břevnov: Wegen des vorbildlichen Dientzenhofer-Barocks ist das im 10. Jh. gegründete Kloster auch von außen sehenswert. Die prachtvolle Eremitenklause ist für zwölf Mönche reserviert, die hier ein entrücktes Leben in Meditation wie in Tibet führen und hoffentlich auch genießen (vorletzte Station mit der Tram 22, Führungen nur Sa. und So. 10.00–14.00 Uhr).

Hvězda: Auf dem Schlachtgemälde im Lustschloss Stern sieht alles nur halb so schlimm aus: Am Rand des November-Geschehens stehen neugierige Zuschauer, die den Kampf wie ein Fußballspiel verfolgen. Der Historiker weiß: Es war eher ein Scharmützel, nach zwei Stunden bereits beendet. Man hat diesem Kriegsakt 1620 am Weißen Berg (Bílá Hora) vorerst gar nicht so große Bedeutung beigemessen – ein Fehler mit immerhin 300-jährigen Folgen. Der Renaissancebau entstand um 1555 (Di.–So. 10.00–17.00 Uhr; Tram 22).

Průhonice ②

Etwa 16 km südöstl. Prags liegen Schloss und Park – eine Anlage fürs Pflanzenstudium, bildschön wie in einem Almanach.

TIPP

Sightseeing mit Tram 22

Start ist am Weißen Berg, dem tschechischen Waterloo, wo 1620 die Selbstständigkeit der Nation verloren ging. Die Linie 22 führt quer durch die ganze Stadt. Praktisch an allen Sehenswürdigkeiten vorbei. Kloster Břevnov, Burg, Belveder und im Zickzack durch die Kleinseite. Über die Moldau beim Nationaltheater mit Panoramablick, Halt am Karlsplatz. Weiter geht die Fahrt über das einstige Nobelviertel Vinohrady (Weinberge) mit Mietspalästen wie in Paris und danach bis in die Pampa hinaus – Endstation Plattenbau. Eine etwa 90-minütige Zeitreise durch 600 Jahre fast zum Nulltarif. Benützt man die Tram nicht gerade zur Stoßzeit, ist auch ein Fensterplatz frei. Ein Erlebnis, das man in Prag unbedingt mitnehmen sollte.

Sehenswert: Das im 19. Jh. umgebaute **Renaissanceschloss** (nicht zugänglich) umgibt ein wildromantischer, riesiger **Park** auf 260 ha mit exotischer Botanik und einem Baumbestand, in mehreren Jahrhunderten gewachsen, malerisch angelegte Auen, Seen, Uferwege und ein Arboretum. Alle Wege des Parks ergeben zusammen eine Länge von rund 40 km (April–Okt. 7.00–19.00 Uhr. Metrolinie C: Jižní město, Südstadt, weiter mit dem Bus).

Zbraslav 3

Etwa 10 km südl. Prags ist dieses ziemlich gut versteckte Schlösschen zu finden.

Sehenswert: Im zu Beginn des 18. Jh. erbauten Schlösschen (Zámek Zbraslav) ist die Sammlung asiatischer Kunst der **Nationalgalerie** untergebracht (Di.–So. 10.00–18.00 Uhr). Gleichnamig der Prager Vorort, der einen Anblick wie aus dem 19. Jh. bietet (Metrolinie B: Smíchovské nám., weiter mit Bus 129, 241, 243, 255).

Konopiště 4

Rund 45 km südöstl. Prags steht die im 13. Jh. nach französischen Vorbildern errichtete Burg, mit ihren Türmen und Bollwerken einst uneinnehmbar.

Sehenswert: Von den Sternbergs übernahm der österreichische Thronfolger Franz Ferdinand d'Este den mittelalterlichen Bau und ließ ihn zu einem Schloss mit englischem Park umgestalten. Im Gegensatz zur rückwärtsgewandten Ausgestaltung stand die moderne technische Ausstattung des Schlosses, das einmal Stammsitz werden sollte; seine Ermordung 1914 verhinderte das. Jagdtrophäen, Waffen aus drei Jahrhunderten und Kunstschätze füllten die Räume – es blieb die Bildergalerie, die Waffensammlung und eine St.-Georgs-Sammlung (Mai–Aug. 9.00–17.00 Uhr, sonst kürzer).

Orlík 5

Der Stammsitz der Schwarzenbergs liegt etwa 80 km südl. Prags. Seit der Restitution ist er wieder Eigentum der Schwarzenbergs, die wegen ihres riesigen Grund- und Forstbesitzes ›Könige von Südböhmen‹ genannt werden. Fürst ›Kary‹ gab nach der ›Samtenen Wende‹ ein kurzes Intermezzo in Havels Regierung als Kanzler.

Orlík bietet einigen Wohnkomfort

Sehenswert: Der ›Adlerhorst‹ mit Sammlungen von Waffen, Jagdtrophäen, Porzellan und Fayencen (im 13. Jh. gegründet und im 19. Jh. neugotisch renoviert) schwebte auf einem 60 m hohen Felsenvorsprung über der Moldau, bevor darunter der Stausee geflutet wurde. Die Fundamente wurden unterspült, und das Schloss drohte abzustürzen – die Rettungsaktion war dramatisch. (Di.–So. 9.00–16.00 Uhr; erreichbar auch per Schiff).

Dobříš 6

Während des Sozialismus war das ca. 45 km südl. Prags gelegene Schloss eine Schriftsteller-Oase mit Stipendien für linientreue Schreiber – und den gefeierten Staatsgast Pablo Neruda, der seinen Namen aus Bewunderung für den Erzähler Jan Neruda geändert hat. In dieser harmonischen Umgebung brachte der tschechophile Chilene allerdings nichts Bedeutendes zustande.

Sehenswert: Das französisch wirkende Rokokoschloss (17. Jh. und 1745–1765) bietet ein Ambiente mit Palmen im Innenhof und einem weitläufigen Garten mit Neptun-Brunnen (April–Okt. Mo.–So. 9.00–16.00 Uhr).

Karlštejn 7

Hoch über dem gleichnamigen kleinen Weinort thront die Burg Karlštejn, etwa 30 km südw. Prags.

SPECIAL

Platte, ja!

Jeder vierte der 1,25 Mio.Prager lebt außerhalb des Zentrums in Trabantenstädten. Das urbane Erbe des Sozialismus hat man inzwischen durch neue Farben und poppige Fassadenkunst aufgewertet. Wegen der günstigen Mieten sind diese Wohnungen unverändert begehrt. Es lohnt ein Abstecher in diese andere, ganz und gar unpragerische Welt – in die Südstadt beispielsweise, der Endstation der Metrolinie C (Jižní město), oder nach Ládví mit Petřiny. Diese Betonklötze zeichnen sich hinter der Hradschin-Kulisse in der Ferne ab wie ein apokalyptisches Bollwerk. Wer sich für architektonische Avantgarde der 1930er-Jahre interessiert, wird von der Villenkolonie Baba begeistert sein (Metrolinie A: Hradčanská, Umsteigen auf Bus 131): etwa 30 ›Schachteln‹ im Bauhausstil, räumliche Experimente – großzügig, lichtdurchflutet, glatt.

Infos

SPECIAL

›Böhmische Dörfer‹

Aus der Redensart der Deutschen in Böhmen entstanden, denen viele Ortsnamen nicht nur unaussprechlich, sondern völlig unverständlich vorkamen. Warum ein Ort Netvořice (›Ungeheuer‹), Medonosy (›Bringehonig‹) oder Křivousy (›Schiefebart‹) heißt, muss man sich erst erklären lassen. Nach den oft wenig schmeichelhaften Namen geurteilt, hatte man scheinbar von den Nachbarn nicht immer die beste Meinung – siehe Vejprty (›Großfurz‹), Hrdlořezy (›Halsabschneider‹) oder schlichtweg Smrdoch (›Stinker‹). Bei dem Namen Großpopowitz (Velkopopovice) leuchten allerdings jedem Prager die Augen: Von dort kommt ein ausgezeichnetes, wenn nicht das beste Bier überhaupt – wer auf Pilsener Urquell schwört, sollte in diesem Moment lieber schweigen.

Sehenswert: Bis 1355 als nie erobertes Refugium Kaiser Karls IV. und als Aufbewahrungsort der Reichskleinodien errichtet. Ein realistischeres Bild vom Mittelalter war Ratgeber bei den Restaurierungen und Rückbauten ab 1887. Entsprechend der strategischen Bedeutung staffeln sich die Gebäude auf der Bergkuppe: ganz oben der Hohe Turm (60 m), verbunden mit dem Marienturm des etwas tiefer gelegenen Palastes, darunter der Burggrafen- und Wirtschaftsbereich. Schönster Raum der Burg ist die Heilig-Kreuz-Kapelle (sv. Kříže, um 1360) mit vergoldetem Gewölbe und mit Halbedelsteinen besetzten Wänden (www. karlstejn.cz, Juli-Aug. 9.00–12.00 und 13.30–18.00 Uhr, sonst kürzer und Mittagspause länger).

Veranstaltungen: Jeweils am letzten Wochenende im Sept. ist Weinlese und ein mittelalterliches Fest mit der nachgestellten Schlacht um die Burg – die selbstverständlich auch heutzutage uneinnehmbar ist.

Křivoklát 8

Die gotische Königsburg (Urspr. 13. Jh.; 45 km westl. Prags) stand inmitten eines einst beliebten herrschaftlichen Jagdreviers. Unter Rudolf II. war sie Staatsgefängnis, und Ende des 19. Jh. erhielt sie ihr heutiges Aussehen.

Sehenswert: Die historischen Räume sind zu besichtigen – Kapelle, Königssaal, Rittersaal, Bibliothek und der gewaltige Kerkerturm, aus Mitleid mit den Insassen ›Chuděra‹ (›der Ärmste‹) genannt (Di.–So. 9.00–17.00 Uhr, im Winter kürzer).

Der Mozarttraum Veltrusy

Attraktiv ist die Anreise an Wochenenden mit einem historischen Dampfzug (ab Bahnhof Smíchov, Mai–Sept.).

Veranstaltungen: Zu neuem Leben erwacht die Burg anlässlich der Ritterspiele (Juli und Aug.) und Konzerte bei stimmungsvoller Lichtillumination (bis 24.00 Uhr).

Veltrusy 9

Mozart war seinerzeit von dem Empiretraum begeistert, zauberhaft wie eine Opernkulisse (etwa 30 km nördl. Prags). 1754 wurde hier erstmals der Große Markt mit Erzeugnissen Böhmens veranstaltet, eine der frühen Handelsmessen der Welt.

Sehenswert: Das Schloss der Grafen Chotek (18. Jh.) wird von einem Landschaftspark mit romantischen Bauten umgeben. Die kostbare Ausstattung ist noch historisch. (Di. bis So. 9.00–12.00 und 13.00–17.00 Uhr, im Winter kürzer).

Umgebung: Auf der gegenüber liegenden Moldauseite liegt **Nelahozeves**, der Geburtsort von Antonín Dvořák (1841–1904). Zu besichtigen sind das Renaissanceschloss und das Museum in der einstigen Metzgerei, die der Komponist ursprünglich von seinem Vater übernehmen sollte. Es kam anders als geplant: Statt Schinken legte Dvořák die berühmten ›Slawischen Tänze‹ auf (im CD-Shop erhältlich).

Mělník 10

Das beliebte Ausflugsziel der Prager (etwa 35 km nördl.) wird vom Renaissanceschloss überragt.

Sehenswert: Hoch über dem Zusammenfluss von Elbe und Moldau gab es bereits im 9. Jh. eine Burg, im 16. Jh. erhielt das Schloss sein heutiges Aussehen, und seit 1753 ist es im Besitz der Adelsfamilie Lobkowitz. 1500 m² Kellergewölbe auf drei Etagen dienen dem Weinbau, für den Mělník bekannt ist (Informationen www.lobkowitz-melnik.cz), und eine Weinprobe gehört zum Schlossbesuch dazu (tgl. 10.00–18.00 Uhr). Von der Schlossterrasse ein Adlerpanorama über die Weinberge, die sanft in das Elbetiefland hinabgleiten. Am Rande leider durch die Plattenbauten der Realsoz-Siedlungen entzaubert.

Veranstaltung: Ende Sept. findet hier die Oldtimer-Ralley ›1000 Meilen Prague-London‹ statt.

Kutna Hora 11

Kutna Hora liegt rund 70 km östl. Prags. Im 13. Jh. wurde beim nahen Kloster Sedlec Silber entdeckt – bereits 100 Jahre später war Kuttenberg eine reiche, von Karl IV. geschätzte Bergwerksstadt, die Prag an Pracht und Einfluss zu überflügeln drohte.

Sehenswert: Im **Welschen Hof** (Vlašsky dvůr, 13. Jh.) und nicht in Prag wurde der ›Prager Groschen‹ geprägt. 1547 zum letzten Mal – die Silberminen waren erschöpft, die Bergbaumethoden veraltet. Die Bedeutungslosigkeit sorgte allerdings dafür, dass das mittelalterliche Stadtbild so gut erhalten blieb, was die Unesco veranlasste, das gesamte **historische Zentrum** unter Schutz zu stellen. Ein Spaziergang durch Kuttenberg versetzt deshalb fast ins Mittelalter. Die **Kathedrale der hl. Barbara** (Chrám sv. Barbory, 1388–1558 bzw. 1905) erbaute Peter Parléř, der Architekt der Prager St.-Veits-Kathedrale. Karl IV. war jede Woche auf seinem Rundritt zwischen Hradschin, Karlštejn und Kuttenberg vorbeigekommen – eine Kondition wie für einen Iron-Man-Wettbewerb muss er gehabt haben. Für heutige Besucher fährt ein Zug vom Prager Masaryk-Bahnhof (stdl. Verbindung vom Busbahnhof Florenc, Metrolinien B und C).

Umgebung: In **Sedlec** lässt man sich von Pyramiden aus Totenschädeln im Beinhaus (12. Jh.) der Marienkirche gruseln.

TIPP

Sightseeing per Schiff

Ganztägig zur ›Begegnung der Moldau mit der Elbe‹ mit Schloss Mělník auf einem historischen Dampfer: Mai–Aug. nur So. 7.00 Uhr. Ganztägig zu den Stauseen mit Schloss Orlík: Mai–Sept. Fr., Sa. und So. 9.00 Uhr. In 75 Min. zum Schloss Troja: Mai–Aug. tgl., Sept.–Nov. Sa. und So. 8.30, 9.30, 12.30 und 15.30, zurück 11.00, 14.00, 17.00 Uhr. Die Schiffsausflüge sind beliebt, daher ist das Deck oben und unten meist auch proppenvoll! Anlegestelle am Rašínovo nábřeží (Neustadt, bei der Jirásek-Brücke; Auskunft Tel. 2493 1013, www. paroplavba.cz).

Anreise

Auto: Über die Autobahn E50/A1, die vom bayerischen Grenzübergang Waidhaus (Rozvadov) über Pilsen nach Prag fast fertig gestellt ist. Aus Berlin kommend, fährt man über Dresden auf der E55 über den Grenzübergang Zinnwald (Cínovec). Aus Österreich Grenzübergang Dolní Dvořiště.

Bus: Aus München, Nürnberg, Berlin und dem Bayerischen Wald werden Tagesausflüge veranstaltet mit etwa 6 bis 8 Std. Aufenthalt in Prag. Regelmäßige Buslinie aus Wien.

Flugzeug: Tägliche Verbindungen von Frankfurt, Wien und Zürich; mehrmals wöchentlich aus Berlin, Köln, Hamburg, Hannover und München. Kleinere Gesellschaften starten von Nürnberg und Saarbrücken aus. Der Prager Flughafen Ruzyně liegt 20 km von der Stadt entfernt. Ein Terminal-Bus fährt direkt ins Zentrum zum Náměstí republicky. Im nahen Terminal ČSA besteht die Möglichkeit, das Gepäck schon in der Stadt einzuchecken (V celnici 5, Tel. 2010 4111, neben dem ›Hotel Renaissance‹). Am Platz der Republik gibt es auch eine Station der Metrolinie B. Taxen vom Flughafen in die Altstadt kosten 30 bis 40 €. Viele Hotels haben eigenen Zubringer, sind aber dementsprechend teuer.

Zug: Aus Frankfurt und München zweimal täglich, aus Berlin sogar im 2-Std.-Takt. Die Zugfahrt dauert aus Berlin 4.30, aus München 6.30, aus Hamburg 8 Std. Aus dem Rhein-Ruhr-Gebiet fährt der DB NachtZug (Info unter Servicetelefon 01805/141515 oder unter www.dbnachtzug.de). Ankunft am Bahnhof Praha hlavní nádraží (Hauptbahnhof). Im Untergrund eine Station der Metrolinie B – zum Wenzelsplatz ist es nur eine Station (Muzeum, Umsteigemöglichkeit zur Linie A). Taxistand ebenfalls im Untergeschoss.
Der Bahnhof nádraží Praha-Holesovice wird teilweise für Zugverbindung nach Berlin genutzt; deshalb für die Abfahrten aus Prag immer genau erkundigen. Der Masaryk-Bahnhof (Masarykovo nádraží), vormals nach Kaiser Franz Josef benannt, wurde als ältester Prager Bahnhof jüngst renoviert; hier die Ankunft aus Wien. Im Vorort Smíchov liegt die Bahnhofsstation (nádraží Praha Smíchov) für die Fahrt zur Burg Karlštejn.

Der hl. Wenzel auf dem Wenzelsplatz

Schiff: Wer mehr Zeit mitbringt, kann Prag auf eine romantische Art erreichen – an Bord der ›Clara Schumann‹ oder ›Theodor Fontane‹. De Fahrt von Hamburg aus dauert sieben Tage (Info: Viking KD Flusskreuzfahrten, Hohe Straße 68, 50667 Köln, Tel. 0221/25860 Fax 0221/258610, www.vikingkd.com).

Auskunft

Allgemein: Tschechische Zentrale für Tourismus, Karl-Liebknecht-Straße 34, 10178 Berlin, Tel./Fax 030/2044770; Mo., Mi. und Fr. 9.00–15.00 Uhr, Di. und Do. 12.00 bis 18.00 Uhr, www.czech-tourist.de
Das tschechische **Reisebüro Čedok** ist der Landesspezialist, der alles organisiert. In Prag: Na příkopě 18, Tel. 2419 7111, Fax 2421 6324, www.cedok.cz. In Deutschland: Seydelstraße 27, 10117 Berlin, Tel. 030/ 2044644, Fax 030/ 2044623, oder Kaiserstraße 54, 60329 Frankfurt/Main, Tel. 069/ 2740170, Fax 069/235890, www. cedok.de. In Österreich: Parkring 10, 1010 Wien, Tel. 01/51243720, Fax 01/512437288. In der Schweiz: Uraniastrasse 34, 8025 Zürich, Tel. 01/2213131, Fax 01/221 3141.
Verschiedene (werbelastige) Informationen bietet www.prag.cz, vor allem aber einen **Stadtplan** mit Suchfunktion.

In Prag: PIS – Pražská informažní služba (Prager Informationsdienst), Neustadt, Na příkopě 20, Tel. 187 oder 544444, www.prague-info.cz; im Altstädter Rathaus Mo. bis Fr. 8.00–19.00 Uhr, Sa. und So. 8.00 bis 15.00 Uhr, Tel. 2448 2562, Fax 2448 2380, Außenstelle im Untergrund der Metrolinie A: Station Hradžanská (Burg).

Botschaften: Deutsche Botschaft, Palais Lobkovicz, Kleinseite, Vlašská 19, Tel. 5711 3111, Fax 57534056, Metrolinie A: Station Malostranská, Tram 22, Mo.–Fr. 9.00–12.00 Uhr.
Österreichische Botschaft, Smíchov, Viktora Huga 10, Tel. 5709 0511, Fax 5731 6045, Metrolinie B: Station Anděl, Mo.–Fr. 9.00 bis 12.00 Uhr.
Schweizerische Botschaft, Střešovice, Pevnostní 7, Tel. 2040 0611, Fax 24311312, Metrolinie A: Station Hradčanská, Tram 18: Endstation, Mo.–Fr. 9.00–12.00 Uhr.

Auto fahren

Geschwindigkeit: Das Tempolimit beträgt auf Autobahnen 130 km/h, auf Landstraßen 90 km/h und in Ortschaften 50 km/h. Vorsicht, Radarkontrollen; die Strafe für Temposünder wird häufig über den ›Daumen gepeilt‹ bemessen. Außerdem besteht Gurtpflicht und die Null-Promille-Grenze!

Gebühren: Mautpflicht herrscht auf allen Autobahnen und Schnellstraßen. Vignette (dálniční známka) ganzjährig 800 Kč, ein Monat 200 Kč, zehn Tage 100 Kč erhältlich an allen Grenzübergängen und großen Tankstellen. Gültig nur mit Datum und eingetragenem Kennzeichen, fest an die Windschutzscheibe geklebt.

Benzin: Bleifreies Benzin heißt ›natural‹ (grüne Zapfsäulen).

Grüne Versicherungskarte: Sie ist Vorschrift; ohne die Versicherungsbestätigung kann es nach Unfällen erhebliche Probleme mit der Polizei geben.

Parken: Parkplätze sind rar in der Innenstadt, es herrscht ohne Sondergenehmigung absolutes Halteverbot, und die Polizei ist blitzschnell bei der Hand mit Radkrallen. Das Entfernen der ›botičky‹ (›Schühchen‹) ist sehr kostspielig. Parkplätze gibt es beim Rudolfinum, Nationaltheater (nur 60 Plätze), Kaufhaus Kotva (sehr eng), Business-Centrum Myslbek, bei der Staatsoper (Wilsonova), am Karlsplatz

Reisedaten Prag

Flug von Deutschland	Inlandsverkehr	Reisepapiere	Devisen	Mietwagen	Benzin	Hotel	Pension	Menü	Einfaches Essen	Ortszeit
Frankfurt/M.–Prag Flieg & Spar ab 180 €	Busfahrt Prag–Karlštejn ca. 15 €	Personalausweis oder Reisepass	1 € = ca. 32 Kč (Tschechische Kronen)	ab 50 € pro Tag (unbegrenzte Kilometer, Versicherung)	1 Liter Super = ca 0,80 €	DZ/Frühstück: Luxus ab 250 €, Mittelklasse ab 150 €	DZ/Person ohne Frühstück ab 30 €	3 Gänge mit Wein pro Pers. ab 30 €, Luxus ab 40 €	Tellergericht ab 8 €	MEZ/MSZ

DATEN UND FAKTEN

- **Einwohner:** Mit 1,25 Mio. Einw. die größte Metropole der Tschechischen Republik (CZ, insgesamt 10,5 Mio.). 80 Prozent der Prager sind Tschechen, darunter kaum mehr Deutsche. Minderheiten: 10 Prozent Slowaken und Mähren, weiterhin 10000 Russen und Ukrainer (darunter viele Künstler, die vom Tourismus leben), etwa 10000 US-Bürger als Aussteiger auf Zeit. Die etwa 5 Prozent Roma (60000 in Stadtteilen Žižkov und Karlín) wurden auch in kommunistischer Zeit diskriminiert; die tief verwurzelten Vorurteile lösen sich aber auch heute nur langsam auf. Zu den Nachwende-›Rückkehrern‹ gehören auch Angehörige österreichischer und – teilweise – deutschen Adelsfamilien. Hussiten, Reformatoren, Gegenreformatoren, Kommunisten, Atheisten – das Ergebnis ist, die Tschechen zweifeln an Gott. Mehr als die Hälfte der Bevölkerung (58,3 Prozent) ist ohne Konfession. Aus dem Rest ergeben sich 2,7 Mio. Katholiken, während das Erbe der Hussiten nur noch von knapp 100000 Anhängern gepflegt wird. Die jüdische Gemeinde zählt knapp 5000 aktive Mitglieder.
- **Stadtgebiet:** Prag liegt auf beiden Uferseiten der Moldau (Vltava), die durch Prag auf einer Länge von 30 km fließt; die breiteste Stelle 330 m. Es gibt zehn Brücken und sieben Moldau-Inseln und acht Hügel. Die höchste Erhebung bildet der Berg Petřín (399 m) mit einem Aussichtsturm. Von der Gesamtfläche Prags (496 km²) steht knapp ein Fünftel (866 ha) unter Denkmalschutz (Unesco-Welterbe), nahezu der ganze Stadtkern. Ein Viertel des Stadtgebietes besteht aus Gärten; der Kleingartengürtel am Stadtrand wurde früher das ›sozialistische Paradies‹ genannt.
- **Verwaltung:** Prags Oberbürgermeister, der ›Primator‹, wird auf fünf Jahre gewählt. 56 historische Viertel mit eigenen Namen und die großen neuen Viertel am Stadtrand sind in 16 Bezirke zusammengefasst, jeweils mit eigenem Stadtrat; kleinster Bezirk ist die Kleinseite (Malá Strána).
- **Wirtschaft:** Es vollzieht sich ein Wandel von der einstigen Industriemetropole mit rund 10 Prozent der Schwerindustrie des Landes hin in Richtung Tourismus, mittlerweile mit die wichtigste Einnahmequelle (über 2 Mio. Touristen 2001). Größter Handelspartner ist seit langem Deutschland mit mehr als 70 Prozent des Umsatzes. Neue Branchen wie High Tech, Elektronik, Service und Finanzen sind größtenteils Joint-Venture-Unternehmen; über 300 westliche Firmen haben in Prag Niederlassungen gegründet. Durch die Karlsuniversität ist Prag als Studienplatz für Medizin, Naturwissenschaften, Jura und Philosophie international bekannt; daneben gibt es Hochschulen aller Fachrichtungen, ein berühmtes Konservatorium, die Musik-, Theater- und Filmakademie (berühmte Absolventen: Oscar-Preisträger Miloš Forman, ›Amadeus‹, und Jan Svěrák, ›Kolja‹). Die Filmstudios Barrandov gelten als Hollywood des Ostens; seit der Wende wurden in Prag über 40 große internationale Produktionen abgedreht (›Kafka‹ mit Jeremy Irons, ›Mission Impossible‹ mit Tom Cruise, ›From Hell‹ mit Johnny Depp, ›The Mist of Avalon‹, ›Hart's war‹ mit Bruce Willis, ›Swimmingpool‹ und jüngst ›Triple-X‹). Immerhin rund 85000 Prager sind Angehörige des Öffentlichen Dienstes der Stadt und des Staates (Ministerien, Verwaltungen).

Zweisprachigkeit – heute wieder zu sehen

1000 Türme wollen geputzt sein

(Karlovo náměsti), an der Burg (Pohořelec, Letenská). Gebühren ab ab 20 Kč pro Stunde.

Nachtfahrten: In der Nacht Gefahr durch falsche Polizisten, die ahnungslose Fahrer anhalten. Die vorgetäuschte Fahrzeugkontrolle entpuppt sich als Raubüberfall; Gepäck oder gleich das ganze Auto wird gestohlen. Fahrten mit einem Leihwagen nach Tschechien werden von den deutschen Autoverleihern nicht gestattet.

EINREISE

Für Deutsche genügt der **Personalausweis.** Österreicher und Schweizer benötigen einen **Reisepass.** Kinder, sofern sie nicht im Pass der Eltern eingetragen sind, brauchen einen **Kinderausweis.**

FESTE UND FESTIVALS

Feiertage: 1. Jan.: Neujahrstag, Ostermontag, 1. Maifeiertag, 8. Mai: Tag der Befreiung, 5. Juli: Tag der Slawenapostel Cyril und Metodej, 6. Juli: Gedenktag für Jan Hus, 28. Okt.: Tag der Republikgründung und Unabhängigkeit, 17. Nov.: Tag des Kampfes für Freiheit und Demokratie (Gedenktag an Beginn der ›Samtenen Revolution‹), 24. Dez.: Heiligabend (halber Feiertag), 25. und 26. Dez.: Weihnachtsfeiertage.

Feste und Festivals: Januar: Europäischer Karneval, von Basler Fasnacht bis Masken aus Venedig – in Prag aber als Straßenfeste.

Februar: ›Žižkovský masopust‹, Fasching in Prags ›schwarzen‹ Arbeiterviertel, und ›Agharta Prague Jazz‹, der Beginn der Synkopen-Saison durchgehend bis Okt.

März: ›Mozart Open Theaterfestival‹, Arien und Opern als Gegenstück zu Salzburg.

April: ›Bohemia Žofín Cup‹, Wettbewerb und Showtanzen der Weltelite.

Mai/Juni: ›Prager Frühling‹ im Rudolfinum, Repräsentationshaus und in allen Sälen, Salons, Sommerterrassen der Stadt. Internationale Buchmesse auf dem Ausstellungs-

gelände (Výstaviště). ›Khamoro‹, ein dreitägiges Musikfest der Roma und Sinti.
September: ›Prager Herbst‹, Kammermusikfestival als Fortsetzung des ›Frühlings‹.
Dezember: Adventsmusik in allen Kirchen Prags, festlich dekoriert.

Flohmarkt

Unter der Libeský most (Liben-Brücke) liegt das Paradies zum Stöbern: Antiquitäten, Altertümlichkeiten, altes Zeug oder einfach nur Ramsch, Gebrauchtes, Plunder oder Plakate mit Marx und Lenin. Zwischen den Buden und in den alten Lagerhallen kann man einen halben Tag verbringen (Sa. und So. geschlossen), schon wegen des Panoptikums verschiedener Typen – die Urprager mit einem Hauch vom Orient in der Ostalgie verhaftet, sind eine besondere Spezies. Die Gegend ist außerdem geschichtsträchtig: Am 27. Mai 1942 wurde in der Haarnadelkurve auf den NS-Reichsprotektor Reinhard Heydrich ein Attentat verübt.

Fundbüro

Fundbüro: Ztráty a nálezy, Altstadt, Karoliny Světlé 5 (hinter dem ›Café Slavia‹), Tel. 2423 5085, Mo.–Fr. 8.00–12.00, Di. und Do. 12.30–16.00, Fr. 12.30–14.00 Uhr.
Kreditkartenverlust: Amexco Tel. 2280 0111, VISA Tel. 2412 5353, Diners Club Tel. 6719 450, MasterCard/Eurocard Tel. 6135 4649.

Geld

Währung ist die **Tschechische Krone** (Kč; Kurs Dez. 2002 1 EUR = 31,2 CZK). Banknoten gibt es für 20, 50, 100, 200, 500, 1000, 2000 und 5000 Kč, Münzen zu 1, 2, 5, 10, 20, 50 Kč. Mit dem Wechselgeld Heller (haléř) kommt man als Tourist kaum in Berührung.
Bankomaten sind überall zu finden; Kronen auf EC-Karten zu ›ziehen‹ ist günstiger, als Euros zu wechseln. Insbesondere Czech-Point-Wechselstuben erheben hohe Kommissionsgebühren!

Kinder in Prag

Prag ist familienfreundlich: Von den Strapazen der Besichtigung erholt man sich rasch auf einer der Inseln, von denen eine sogar **Kinderinsel** heißt (bei der Legienbrücke) und Spielplätze im Schatten unter Kastanien bietet. Spaziergänge auf dem Hügel Petřín mit Wiesen zum Herumtollen (s. S. 63), der Besuch des **Zoos** (s. S. 105), eine **Ruderpartie** an der Moldau oder **Schifffahrten** durch die Schleusen, die **Bimmelbahn** (Start am Altstädter Ring), die **Marionettenbühnen** (s. S. 94) sind für die Kleinen attraktiv. **Bootsverleih** auf der Slaveninsel (Slovanská ostrov). Mit der **Kutsche** unterwegs: Pony Travel, Tel. 2493 1112. Lohnend ist der Besuch des **Technischen Nationalmuseums** (s. S. 95) oder des **Nationalmuseums** (s. S. 32) mit Dino-Skeletten. Einblick in die Geschichte Prags als Multimediashow mit Special-Effekten bietet ›Magical Tour‹ (St. Michal's Mysterium, Altstadt, Michalská 27, tgl. 10.00–20.00 Uhr, Dauer 45 Min.).

Knigge

Viele Prager, vor allem die älteren, können Deutsch – aber deutsches Gehabe nicht leiden. Sagen Sie nie ›Tschechei‹ (Nazideutsch); auch der Begriff Böhmen ist veraltet und erinnert an das von Nazis errichtete Protektorat Böhmen und Mähren. Seit 1993 heißt der neue Staat Tschechien oder noch präziser Tschechische Republik. Im historischen Sinne ist die Anwendung von Böhmen für das Land der Könige korrekt. Weiter ist das tschechische ›na zdraví‹ (›Prost‹) nicht mit dem russischen ›nazdarovje‹ zu verwechseln. Und wenn möglich, nicht unbedingt deutsche Lieder in tschechischen Kneipen singen – schon gar nicht den ›Anton aus Tirol‹ ...

Bootsfahrten auf der Moldau – der Fluss als Copacabana der Prager

TIPP

Internetcafés

In der Altstadt nur mal schnell seine Mails kostenlos checken: Möglich ist das im Universal Nod, Dlouhá 33, einem Club-Treff für sehr junge Leute und erfrischend schräg, oder im Dinet Caffee, Zentrum (›Goldenes Kreuz‹), Nekázanka 10 (tgl. 9.00–23.00 Uhr).

Notruf

Notdienste: Ärztlicher und zahnärztlicher Notdienst, Neustadt, Palackého 5, Tel. 2494 9181, Mo.–Fr. 19.00–7.00 Uhr, Sa. und So. durchgehend.
Notrufe: Rettungsdienst 155, Polizei 158, Feuerwehr 150, Unfalldienst 1230 und 1240, allgemeine Info 12444.

Öffentlicher Nahverkehr

Metro: Einzelfahrkarten zu 8 Kč gelten 15 Minuten lang und bis zu zwei Zonen ohne Umsteigen. Mit Umsteigen kann man für 12 Kč innerhalb einer Stunde zu allen Zielen (inkl. Tram und Bus) fahren. Beliebig viele Fahrten enthalten die 24-Stunden-Tickets zu 70 Kč. Es gibt Pässe für 3 Tage (200 Kč), 7 Tage (250 Kč) und 15 Tage (280 Kč). Die U-Bahn verkehrt von 5.00 bis 24.00 Uhr; es gibt drei Linien: A grün, B gelb und C rot.
Die Metro hat unter dem Hochwasser im Sommer 2002 besonders gelitten. Deshalb muss bis Mitte/Ende 2003 mit Einschränkungen des Angebots gerechnet werden.
Tram: Prag besitzt ein engmaschiges Netz, praktisch durch jede Straße führen Gleise. Die Straßenbahnen sind von 4.30 bis 24.00 Uhr im Betrieb. Nachts, von 0.30 bis 4.30 Uhr, gibt es die Sonderlinie 51–54, siehe jeweils Aushang an den Haltestellen. Auch nächtliche Busverbindungen: Linie 501–512. Es gelten die gleichen Tickets wie für die Metro.
Bus: Buslinien sind für die Touristen ohne Bedeutung, weil diese meist von den Endstationen der Metro und Tram in die Trabantenstädte führen.

GESCHICHTE

- **1000 v. Chr.** Zu dieser Zeit und früher existierte eine Siedlung an der Moldaufurt im Bereich des Hradschin an der Kreuzung von Salz- und Bernsteinweg.
- **5./6. Jh.** Im Zuge der Völkerwanderungen kamen Slawen aus dem Dnjepr-Becken, besetzten das von den Kelten verlassene Gebiet.
- **9. Jh.** Orakel der sagenhaften Fürstin Libussa (Libuše), Beginn der Přemysliden-Dynastie. Herzog Bořivoj war erster historisch gesicherter Herrscher.
- **926** Der Hradschin wurde bebaut mit einer ersten St.-Veits-Kirche und einer durch Palisaden geschützten Siedlung.
- **973** Seit diesem Jahr wird Herzog Wenzel als Landesheiliger verehrt.
- **um 1100** Die Marktstätte Prag entstand, nachdem sich Kaufleute aus allen Teilen Europas niederließen.
- **1118** Bau einer ersten Brücke über die Moldau.
- **um 1270** Juden waren fester Bestandteil der Prager Bevölkerung. Die erste Synagoge entstand.
- **1348** Karl IV. gründete als böhmischer König (seit 1346) das Carolinum, die erste Universität Mitteleuropas. Prag hatte 60 000 Einwohner.
- **1415** Der Religionsreformer Jan Hus, Rektor der Prager Karlsuniversität, wurde auf dem Konzil in Konstanz als Ketzer verbrannt – trotz der Zusage freien Geleits.
- **1419** Erster Prager Fenstersturz als Reaktion auf die Ereignisse in Konstanz. Ausbruch der ›Hussitenkriege‹ (Bürgerkrieg, bis 1436).
- **1439** Jiří (Georg) von Poděbrad, genannt Hussiten-König, nach Karl IV. der beliebteste und zugleich letzte tschechische Regent auf dem Thron.
- **1492** Große jüdische Einwanderungswelle aus Spanien, nachdem sie dort von den ›katholischen Königen‹ vertrieben worden waren.
- **1556** Ferdinand I. konnte das Tauziehen um die böhmische Krone für sich entscheiden. Die Herrschaft der Habsburger begann fatal mit einem Großbrand in Prag.
- **1576** Mit Kaiser Rudolf II. (bis 1612) erlebte Prag eine Blütezeit als ›Kunstkammer Europas‹.
- **1609** Rabbi Löw, der legendäre Lehrer des Prager Judentums und Schöpfer des sagenhaften Golems, starb.

Karl IV. an der St.-Veits-Kathedrale

- **1618** Streitigkeiten über Religions- und städtische Freiheiten entluden sich im Zweiten Prager Fenstersturz. Dieser löste den Dreißigjährigen Krieg aus, der ganz Europa erfasste. Die böhmischen Stände wählten Friedrich von der Pfalz zum König (›Winterkönig‹).
- **1620** Schlacht am Weißen Berg (8. Nov.) – das Waterloo der Tschechen. Die Niederlage brachte die Habsburger zurück auf den Thron. Der böhmische Adel wurde entmachtet und die protestantische Kirchenstruktur zerstört.
- **1634** Ermordung des Feldherrn Albrecht von Wallenstein (eigentl. Waldstein) – den ersten Europa-Visionär.
- **1648** Ende des Dreißigjährigen Krieges, in dem Böhmen die Hälfte seiner Menschen verlor. Prag hatte noch 40 000 Einwohner.
- **ab 1673** Gegenreformation – Prag bekam den St.-Niklas-Dom, das Klementinum (als Sitz der Jesuiten) und das Erzbischöfliche Palais, verlor aber wirtschaftliche und kulturelle Bedeutung.
- **ab 1743** Aufklärungszeit unter Maria Theresia und ihrem Sohn Joseph II., dem ›König der Bauern‹ (bis 1790). Ende der Leibeigenschaft, Religionsfreiheiten und Enteignung der Klöster.
- **1784** Altstadt, Neustadt, Kleinseite und Hradschin, bislang selbstständig, wurden vereinigt.
- **ab 1787** Mozart in Prag (bis 1791).
- **1848** Der ›Slawenkongress‹ trat vergeblich für eine Gleichberechtigung im Habsburgerreich ein. Wachsendes Nationalbewusstsein der Tschechen führte zu Spannungen mit den Deutschen in politischen, wirtschaftlichen und kulturellen Bereichen.
- **1891** Industrieausstellung in Prag. Böhmen war industrielles Kernland der Donaumonarchie.
- **ab 1883** Das heutige Stadtbild mit Jugendstil- und Neorenaissance-Bauten entstand (bis 1912). 1901 hatte Prag mehr als 200 000 Einwohner.
- **1914** Ausbruch des Ersten Weltkriegs. Ausnahmezustand in Böhmen aufgrund der nationalen Auseinandersetzungen.
- **1918** Ausrufung der ersten tschechischen Republik (28. Okt.), Tomáš G. Masaryk Präsident (gest. 1935).
- **1938** ›Münchner Abkommen‹. Die von Deutschen besiedelten Randgebiete Böhmens und Mährens (›Sudetenland‹) kamen zum Deutschen Reich.
- **1939** Am 15. März Hitlers Einmarsch in Tschechien und Prag.
- **1942** Attentat auf Reinhard Heydrich, den stellvertretenden Reichsprotektor. Als Vergeltung wurde das Dorf Lidice dem Erdboden gleich gemacht.
- **1945** Am 3. Mai Befreiung Prags durch die Rote Armee. Die 3.US-Army stoppte in Pilsen.
- **1948** Machtübernahme durch die Kommunistische Partei (Volksrepublik).
- **1968** Am 21. Aug. endete der ›Prager Frühling‹ unter Panzerketten. Das Experiment ›Sozialismus mit menschlichem Gesicht‹ war damit gescheitert.
- **1974** Die Prager Metro wurde in Betrieb genommen.
- **1977** Politische Verfolgungen hielten an. Václav Havel war Mitgründer der ›Charta 77‹ für Menschenrechte.
- **1989** Großdemonstrationen, die in die ›Samtene Revolution‹ und den gewaltlosen Sturz des Regimes mündeten (Nov.). Václav Havel wurde zum neuen demokratischen Präsidenten gewählt.
- **1992** Der Bund der Tschechen und Slowaken löste sich nach 74 Jahren ›Staatsehe‹ auf.
- **1997** Unterzeichnung des Deutsch-Tschechischen Aussöhnungsvertrags.
- **1997** Václav Havel wiedergewählt – mit nur zwei Stimmen Mehrheit.
- **1999** Die Tschechische Republik wurde NATO-Mitglied.
- **1999** Das Atomkraftwerk Temelin ging trotz internationaler Proteste ans Netz.
- **2002** Als letzte Amtshandlung beauftragte Präsident Hável den Sozialdemokraten Špidla als neuen Ministerpräsidenten mit der Regierungsbildung. Ziel: Vorbereitung des EU-Beitritts 2004.

SPECIAL

Diebstahl

Über Langfinger in Prag zu berichten, ist ein beliebtes Ferienthema der Tagespresse und der Medien. Sie klauen wie die Raben: Ganze Räuberfamilien reisen aus dem Osten für diesen ›Urlaubsjob‹ an – die Kinder wühlen mit ihren flinken Fingerchen alles durch, die Mütter sammeln die Beute ein. Überall, wo es Gedränge gibt, verschwinden Hand- und Brieftaschen (besonders an den Kassen der Sehenswürdigkeiten). An der St. Veits-Kathedrale nimmt die Polizei an sommerlichen Sonntagen wegen Überlastung oft keine Protokolle mehr auf. Kameras, Uhren, Schlüssel, Dokumente – Rucksäcke werden von hinten komplett ausgeräumt. Deshalb trägt man sie lieber bäuchlings. Auch in Restaurants, Cafés, auf den Terrassen niemals etwas auf dem Tisch oder Stuhl liegen lassen (während man beispielsweise auf die Toilette geht). Fahrzeuge sollten nur an bewachten Parkplätzen abgestellt werden. Die Jahresbilanz nennt immerhin 15 000 gestohlene Autos und 8000 Einbrüche mit Glasschäden.

Rad fahren

Radfahren ist im Zentrum selbst wegen enger, verstopfter Gassen mit Tramschienen als knochenbrechendes Hindernis kaum möglich. Umso schöner allerdings radelt es sich in den Parks und der Umgebung. Spezialisten fürs Strampeln sind Central European Adventures (Josefstadt, Jáchymova 4, Tel./Fax 232 8879; auch über alle PIS-Büros zu buchen): mit Fahrradverleih, bei Bedarf mit Tourguide, auch für Kanutouren und Wanderungen zuständig.

Stadtrundfahrten

Mit klimatisiertem Bus, Oldtimer oder Kutsche – es gibt alles, sogar Rundfahrten mit der historischen Tram Nr. 91, luftig-nostalgisch werden angeboten (April–Okt.). Eine Auswahl:

Best Tour, Zentrum, Václavské nám. 27, Tel. 8387 0640, Fax 8387 0641.

Martin Tour, Zentrum, Štěpánská 61, Tel. 2421 2473, Fax 2422 5437, Abfahrt am Altstädter Ring oder Platz der Republik.

J. V. Ballooning, Prag 3, Prokopovo 9, Tel. 683 5329; Rundflüge (eigentlich -fahrten) über Prag in einem Heißluftbalon.

Reisebüro Čedok, s. ›Auskunft‹, S. 108.

Stadtrundgänge

Prag ist Weltstadt – aber die Dimensionen sind eher kleinstädtisch. In einer Stunde hat man den historischen Stadtkern durchstreift, etwa vom Wenzelsplatz bis zur Burg hinauf – und damit ist der längste Stadtspaziergang schon bewältigt. Thematische Streifzüge, beispielsweise ›Auf den Spuren der Prager Gespenster‹, ›Kneiper-Tour‹, ›Meilensteine‹, veranstaltet **Prague Walks** (Zentrum, Nezamyslova 2, Tel./Fax 61214603, Programm für zwei Stunden). Auch **Čedok** bietet Stadtrundgänge an (s. ›Auskunft‹, S. 108).

Taxi

Vor der Taxi-Mafia hat sogar die Stadtverwaltung kapitulieren müssen. An Sehenswürdigkeiten im Pulk wartende Auto-Kutscher sollte man immer meiden; sie fahren nur zu überteuerten Preisen oder gar nicht. Besser ist es, ein Taxi per Telefon zu bestellen: AAA Tel. 3122 1112, Halo Taxi Tel. 1031, Profi Taxi Tel. 1035. Eine Fahrt im Zentrum kommt auf etwa 5–8 EUR – für die meisten Prager zu teuer!

Telefon

In Prag ändern sich infolge der Modernisierung des Netzes oft die Rufnummern. Dann hilft nur die Auskunft weiter.

Vorwahl: Wer nach Prag telefonieren möchte, wählt (mit Landesvorwahl) 0042/02 und dann die angegebenen Telefonnummern.

Auskunft: Tel. 1180; bei Sprachschwierigkeiten hilft auch die Auslandsabteilung, Tel. 1181.

Handy: Sie funktionieren problemlos, die Netzanbieter melden sich via Display. Um den günstigsten zu finden, im Internet nachschauen (www.online-today.de oder www.billiger-telefonieren.de).

Münztelefon: Ortsgespräche kosten 4 Kč für die ersten 2 Min.

Trinkgeld

Weniger ist mehr ... In der Gastronomie oder im Taxigewerbe wird die Rechnung gern geringfügig nach oben aufgerundet. Zusätzlich ›Mehrwertsteuer‹ zu berechnen ist ungesetzlich; zumindest sollte man dann kein weiteres Trinkgeld geben! Ansonsten gilt: Für gute Leistungen sind 5 bis 10 Prozent der Rechnungssumme angemessen. Nicht vergessen sollte man Zimmermädchen; die brauchen jede Krone bzw. Euro.

Unterkunft

Hilfreich die Zimmersuche vom DC Service in der Břehova 3, Tel. 2481 6346, 2481 1274, Fax 2232 5420. Eine aktuelle Börse mit Sonderangeboten und Last Minute-Preisen über www.dc-service.com, weitere Tipps gibt es unter www.travelguide.cz, www. hotelnet.cz oder www.prag.cz.

SPECIAL

Marathon

Sport mit Musik: Auch Prag hat einen Stadtmarathon bekommen, jeweils Ende Mai auf dem Programm. Die Route führt an allen historischen Orten vorbei, Start und Ziel am Altstädter Ring. Das Zeitlimit beträgt 6 Std. Der Ausklang bis in die späten Nachtstunden verläuft nach Noten: Dixie-Bands an der Karlsbrücke, Swing unter den gotischen Arkaden, Geiger in den Innenhöfen der Paläste, Trommler beim Wenzelsdenkmal (Anmeldung Tel. 24919209, www.pim.cz).

Wetter

Prag hat ein Mikro-Klima, kontinental mild: mit heißen Sommern bis zu 28°C und Null-Grad-Temperaturen im Winter. Schnee ist in Prag eine Seltenheit geworden; dafür sind Matsch und schmuddeliges Wetter im Winter umso häufiger. Von der Moldau fächelt stets eine frische Brise, im Frühjahr und Herbst kann sie mitunter allerdings empfindlich kalt sein. Wegen der starken Luftverschmutzung gibt es in Prag nur selten klare Sicht. Wer unter Atembeschwerden leidet, sollte Prag in den Sommermonaten meiden.

Prag (Praha)	Tagestemp. max.	Nachttemp. min.	Tage mit Niederschlag	Sonnenstunden pro Tag
Januar	1°	−4°	7	2
Februar	3°	−3°	6	3
März	9°	0°	6	4
April	14°	4°	7	6
Mai	19°	9°	9	7
Juni	23°	12°	10	7
Juli	24°	14°	10	7
August	24°	13°	9	7
September	20°	10°	7	5
Oktober	13°	6°	6	4
November	7°	2°	7	2
Dezember	3°	−2°	7	1

Durchschnittswerte — Quelle: Deutscher Wetterdienst, Hamburg

Register

REGISTER

IMPRESSUM

Verlag: HB Verlag, Marco-Polo-Zentrum, 73760 Ostfildern, Postfach 3151, 73751 Ostfildern, Tel. 0711/4502-0, Fax 0711/4502-135, www.hb-verlag.de, hb@mairs.de
Geschäftsführer: Dr. Thomas Brinkmann, Dr. Stephanie Mair-Huydts

Chefredaktion und Programmleitung: Rainer Eisenschmid, Birgit Borowski
Redaktion: Horst Keppler
Text: Thomas Veszelits, München
Exklusiv-Fotografie: Martin Specht, Köln (Titelbild: Karlsbrücke)
Zusätzliches Fotomaterial: Four Seasons Hotel (S. 82 o.); HB Bildatlas Fotoservice (S. 3, S. 27 o., S. 31 l., S. 32 u., S. 45 u., S. 46, S. 64, S. 105 o.r., S. 109 r.)
Grafische Konzeption: CYCLUS · Visuelle Kommunikation, Stuttgart
Layout: Martina Nicolodelli, Hamburg
Kartografie: © Mairs Geographischer Verlag, Ostfildern
HB Bildatlas Fotoservice: HB Verlag, Marco-Polo-Zentrum, 73760 Ostfildern, Tel. 0711/4502-266, Fax 0711/4502-1006, nebel@mairs.de

Für die Richtigkeit der in diesem HB Bildatlas angegebenen Daten – Adressen, Öffnungszeiten, Telefonnummern usw. – kann der Verlag keine Garantie übernehmen. Nachdruck, auch auszugsweise, nur mit vorheriger Genehmigung des Verlages. Erscheinungsweise: monatlich.

Anzeigenalleinverkauf: KV Kommunalverlag GmbH, Postfach 810565, 81905 München, Tel. 089/928096-34 und -42, Fax 089/928096-38
Vertrieb Zeitschriftenhandel: Partner Pressevertrieb GmbH, Postfach 810420, 70521 Stuttgart, Tel. 0711/7252-227, Fax 0711/7252-310
Vertrieb Abonnement: Zenit Pressevertrieb GmbH, Postfach 810640, 70523 Stuttgart, Tel. 0711/7252-265, Fax 0711/7252-333, hbverlag@zenit-presse.de
Vertrieb Buchhandel und Einzelhefte: Mairs Geographischer Verlag, Marco-Polo-Zentrum, 73760 Ostfildern, Tel. 0711/4502-0, Fax 0711/4502-340
Reproduktionen: Otterbach Digital World KG GmbH & Co., Rastatt
Druck und buchbinderische Verarbeitung: Echter Druck GmbH, Würzburg. Printed in Germany

ISBN 3-616-06152-0

ZEICHENERKLÄRUNG

Cityplan

Vierspurige Straße
Durchgangsstraße
Hauptstraße
Sonstige Straßen
Einbahnstraße - Information
Fußgängerzone
Hauptbahn mit Bahnhof
Anlegestelle
U-Bahn mit Haltestelle
Straßenbahn mit Haltestelle
Sehenswerte Kirche - Sonstige Kirche
Synagoge - Denkmal - Polizeistation
Jugendherberge - Turm - Funkturm
Krankenhaus - Postamt
Bebauung - Öffentliches Gebäude
Industriegebiet
Park - Wald
Weinberg
Info - Hinweis

Autoatlas

Autobahn mit Anschlussstelle
Tankstelle - Rasthaus
Autobahn in Bau
Vier- oder mehrspurige Autostraße, ein- oder zweibahnig - in Bau
Fernverkehrsstraße - in Bau
Wichtige Hauptstraße
Hauptstraße
Nebenstraße - Sonstige Straßen
Fahrweg (nur bedingt befahrbar)
Straßennummerierung 112 D 1
Europastraßennummer E 50
Kilometrierung an Autobahnen 75 45
Kilometrierung an übrigen Straßen 21 59 19
Hauptbahn - Nebenbahn
Flughafen - Flugplatz
Besonders sehenswert (Ort, Bauwerk, Natursehenswürdigkeit) PRAHA
Sehenswert (Ort oder Natursehenswürdigkeit) Mělnik
Sonstige Sehenswürdigkeit vod. n. Orlík
Landschaftlich schöne Strecke
Info - Hinweis
Nationalpark
Aussichtspunkt
Burg, Schloss - Kirche - Kloster
Ruinen
Turm - Höhle - Campingplatz
Alleinstehendes Hotel - Motel
Feriendorf - Jugendherberge - Berghütte
Sperrgebiet

In Vorbereitung

Die Mosel lässt an Weinhänge in Steillagen denken und an Burgen und Ruinen, die sich wie Perlen aneinander reihen und längst vergangene Zeiten aufleben lassen. Hier kommen Naturfreunde, Weinliebhaber und Geschichtsinteressierte gleichermaßen auf ihre Kosten.

Seen wie Meere, mächtige Wälder, die buckligen Felsen der Schärenküsten und die mediterran wirkenden Inseln – das ist der Süden Schwedens. Dazu noch die urbanen Höhepunkte Stockholm und Göteborg, die die Kultur und Wirtschaft des Landes spiegeln.

Wer zum ersten Mal in den kanadischen Westen kommt, ist überwältigt: Alles ist riesig, gewaltig, atemberaubend. Weite Gebiete präsentieren sich noch als reine Wildnis, in der Vorstellungen von Freiheit und Abenteuer Wirklichkeit werden.

Lieferbare Ausgaben

HB Bildatlas

Deutschland

227 Allgäu
198 Altmühltal
204 Bayerischer Wald
235 Berlin
235 Berlin (englische Ausgabe)
185 Bodensee
111 Brandenburg
178 Chiemgau · Berchtesgadener Land
145 Dresden · Sächsische Schweiz
121 Eifel · Aachen
133 Elbe und Weser
163 Erfurt · Weimar · Nördliches Thüringen
171 Erzgebirge · Vogtland · Chemnitz
190 Fichtelgebirge · Frankenwald · Coburger Land
242 Frankfurt · Taunus · Rheingau
125 Fränkische Schweiz
131 Hamburg
131 Hamburg (engl. Ausgabe)
73 Hannover · Braunschweiger Land
129 Harz
188 Hessisches Bergland
46 Hohenloher Land
234 Hunsrück · Naheland · Rheinhessen
233 Leipzig · Halle · Magdeburg
209 Lüneburger Heide
137 Mainfranken
179 Mecklenburgische Seen
240 Mecklenburg-Vorpommern
151 Mittelfranken
249 Mosel
165 München
119 Münsterland · Münster
153 Nördlicher Schwarzwald
159 Nordseeküste Schleswig-Holstein
196 Oberbayern zwischen Lech und Inn
143 Odenwald · Kraichgau · Bergstraße
219 Osnabrücker Land · Emsland · Oldenburger Münsterland · Grafschaft Bentheim
155 Ostbayern zwischen Donau und Inn
211 Ostfriesland · Oldenburger Land
168 Ostseeküste Mecklenburg-Vorpommern
157 Ostseeküste Schleswig-Holstein
215 Pfalz
194 Potsdam · Havelland
149 Rhein und Ruhr
243 Rhein zwischen Köln und Mainz
127 Rhön
208 Rügen · Usedom · Hiddensee
161 Saarland
78 Sachsen
114 Sachsen-Anhalt
200 Schwäbische Alb
147 Spessart
214 Spreewald · Lausitz · Märkisch-Oderland
247 Südlicher Schwarzwald
224 Sylt · Amrum · Föhr
182 Tauber und Neckar · Stuttgart · Heilbronn · Rothenburg
173 Teutoburger Wald · Ostwestfalen
94 Thüringen
141 Thüringer Wald
202 Trier
237 Weserbergland

Benelux

246 Amsterdam
187 Flandern · Brüssel
146 Holland: Inseln · Küste
62 Luxemburg

Frankreich

160 Atlantikküste
122 Bretagne
217 Burgund
225 Côte d'Azur · Monaco
222 Elsass
221 Korsika
132 Normandie
229 Paris
192 Provence
184 Südfrankreich · Languedoc-Roussillon

Griechenland

193 Athen · Peloponnes
140 Griechische Inseln: Kykladen
189 Korfu · Ionische Inseln
228 Kreta
104 Rhodos · Dodekanes
166 Zypern

Grossbritannien · Irland

158 Irland
197 Kanalinseln
175 London
231 Nordengland
144 Schottland
241 Südengland
216 Wales

Italien · Malta · Kroatien

195 Adriaküste · Emilia-Romagna
239 Gardasee · Trentino
156 Golf von Neapel · Kampanien
74 Italienische Riviera · Genua
238 Kroatische Adriaküste
128 Malta
210 Mittelitalien: Marken · Umbrien · Abruzzen
142 Oberitalienische Seen · Lombardei · Mailand
230 Piemont · Aostatal
226 Rom
136 Sardinien
232 Sizilien
201 Süditalien: Apulien · Basilikata
207 Südtirol
167 Toskana · Florenz
181 Venedig · Venetien · Friaul · Triest

Mittel- und Osteuropa

164 Böhmen
138 Budapest
148 Danzig · Ostsee · Masuren
248 Prag
152 St. Petersburg
244 Südpolen

Österreich

162 Burgenland
170 Kärnten
199 Niederösterreich · Wachau
218 Oberösterreich
220 Salzburger Land · Salzkammergut · Salzburg
66 Steiermark · Graz
174 Tirol
47 Vorarlberg
206 Wien

Schweiz

154 Basel · Bern · Aargau · Solothurn
172 Tessin
191 Westschweiz
72 Zentral- und Ostschweiz

Spanien · Portugal

236 Algarve · Lissabon
223 Andalusien
150 Costa Blanca
109 Costa Brava · Katalonien
176 Gran Canaria · Fuerteventura · Lanzarote
213 Ibiza · Formentera · Menorca
245 Lanzarote
134 Madrid
212 Mallorca
203 Nordportugal
205 Nordspanien
177 Teneriffa · La Palma · Gomera · Hierro

Skandinavien

183 Bornholm
186 Jütland
180 Nordnorwegen
169 Südfinnland · Helsinki
106 Südnorwegen
250 Südschweden · Stockholm

Außereuropäische Ziele

251 Kanadas Westen

HB Bildatlas Euro-Special

13 Belgien
6 Dänemark
15 Deutschland
15 Deutschland (englische Ausgabe)
8 England · Wales
17 Finnland
1 Frankreich
7 Griechenland
2 Italien
10 Niederlande
11 Norwegen
5 Österreich
14 Polen
9 Portugal
12 Schweden
4 Schweiz
3 Spanien
16 Tschechien
18 Ungarn

HB Bildatlas Special

Afrika · Naher Osten

67 Ägypten
64 Arabien: V. A. Emirate · Oman · Kuwait · Qatar · Bahrain
52 Indischer Ozean: Madagaskar · Mauritius · La Réunion · Seychellen · Komoren
17 Israel
47 Jemen
29 Jordanien
15 Kenia
72 Marokko
61 Namibia
22 Südafrika · Namibia
41 Syrien
71 Tunesien · Libyen
6 Türkei: Ägäisküste · Istanbul
1 Türkei: Südküste

Australien · Ozeanien

45 Australien: Melbourne · Tasmanien · Westen
27 Australien: Ostküste
18 Neuseeland
38 Südsee

Europa

7 Island
54 Madeira · Azoren · Kapverden

Süd- und Südostasien · Ferner Osten

12 Bali · Lombok · Java
25 Himalaya
10 Hongkong
53 Indien: Rajasthan · Delhi · Agra
39 Indien: Südindien
23 Japan
43 Peking
69 Philippinen
19 Singapur · Malaysia
34 Sri Lanka und Malediven
49 Südkorea
70 Thailand
36 Vietnam

Süd- und Mittelamerika · Karibik

44 Argentinien
30 Brasilien: Rio und die Küste · Minas Gerais
57 Chile
55 Dominikanische Republik · Haiti
63 Ecuador und Galápagos-Inseln
60 Jamaika
9 Karibik
65 Kleine Antillen: Antigua · Guadeloupe · Martinique · Barbados u. a.
33 Kuba
73 Mexiko
40 Mittelamerika: Guatemala · El Salvador · Honduras · Belize
51 Peru
28 Venezuela

USA · Kanada

58 Alaska
48 Chicago und die Großen Seen
62 Florida
24 Hawaii
2 Kalifornien
32 Kanadas Osten
68 Las Vegas · Grand Canyon
31 Nationalparks
46 Neuengland · Boston
20 New Orleans und die Südstaaten
5 New York
35 Nordkalifornien · San Francisco
56 Nordwesten: Washington · Oregon
50 Rocky Mountains
66 Route 66
42 Südkalifornien · Los Angeles
37 Südstaaten · Washington D. C.
26 Südwesten: Nevada · Utah · Arizona · New Mexico
59 Texas

Überall im Pressefachhandel, Buchhandel und Bahnhofsbuchhandel erhältlich oder zu bestellen unter Telefon 0711/4502-0, Fax 0711/4502-340

PRESSE

PRESSE & BUCH IM BAHNHOF